조선총독부 편찬 (1923~1924)

『普通學校國語讀本』
第二期 한글번역 ❶
(1, 2학년용)

김순전 · 박장경 · 김현석 譯

제이앤씨
Publishing Company

≪ 목차 ≫

序文

1. '조선총독부 편찬(1923~1924) 『普通學校 國語讀本』第二期 한글번역' 발간의 의의

베네딕트 앤더슨은 '국민국가'란 절대적인 존재가 아니라 상대적인 것이며 '상상된 공동체'라 하였는데, 이러한 공동체 안에서 국민국가는 그 상대성을 극복하기 위하여 학교와 군대, 공장, 종교, 문학 그 밖의 모든 제도와 다양한 기제들을 통해 사람들을 국민화 하였다. '근대국가'라는 담론 속에서 '국민'이란 요소는 이미 많은 사람들에 의해 연구되어져 왔고, 지금도 끊임없이 연구 중에 있다. 근대 국민국가의 이러한 국민화는 '국가'라는 장치를 통해 궁극적으로는 국가의 원리를 체현할 수 있는 개조된 국민을 이데올로기 교육을 통하여 만들어 내는 데 있다.

교과서는 무릇 국민교육의 정화(精華)라 할 수 있으며, 한 나라의 역사진행과 불가분의 관계를 가지고 있다. 따라서 교과서를 통하여 진리탐구는 물론, 사회의 변천 또는 당시의 문명과 문화 정도를 파악할 수 있고, 무엇보다 중요한 한 시대의 역사 인식 즉, 당시 기성세대는 어떤 방향으로 국민을 이끌어 가려 했고, 그 교육을 받은 세대(世代)는 어떠한 비전을 가지고 새 역사를 만들어가려 하였는지도 판독할 수 있다. 이렇듯 한 시대의 교과서는 후세들의 세태판독과 미래창조의 설계를 위한 자료적 측면에서도 매우 중요하다.

이에 일제강점기 조선의 초등학교에서 사용되었던 朝鮮總督府 編纂 『普通學校國語讀本』(1923~1924) 번역서를 정리하여 발간하는 일은 한국근대사 및 일제강점기 연구에 크게 기여할 수 있는 필수적 사항이다. 이는 그동안 사장되었던 미개발 자료의 일부를 발굴하여 체계적으로 정리해 놓는 일의 출발로서 큰 의의가 있을 것이다. 이로써 한국학(韓國學)을 연구하는데 필요한 자료를 제공함은 물론, 나아가서는 1907년부터 1945년 8월까지 한국에서의 일본어 교육과정을 알 수 있는 자료적 의미도 크다. 특히 1960년대부터 시작된 한국의 일본학연구 분야에서 새로운 지평을 여는 데 하나의 방향 및 대안을 제시할 수 있으리라 생각한다.

우리는 지금까지 "일본이 조선을 강제로 합병하여 식민통치를 했다."는 개괄적인 이야기는 수없이 들어왔으나, 그에 대한 구체적인 사례나 실체는 볼 수 없었거나 드물었다고 할 수 있을 것이다.

따라서 일제강점기 조선아동용 일본어 입문 교과서인 『普通學校國語讀本』에 대한 재조명은 '일본이 조선에서 일본어를 어떻게 가르쳤는가?'를 실제로 보여주는 작업이 될 것이며, 또한 이 시대를 사는 우리들이 과거 긴박했던 세계정세의 흐름을 돌아봄으로써 오늘날 급변하는 세계에 대처해 나갈 능력을 키울 수 있으리라고 본다. 이를 기반으로 일제의 식민지정책의 변화 과정과 초등교과서의 요소요소에 스며들어 있는 일본문화의 여러 양상을 구체적으로 파악하고, 새로운 시점에서 보다 나은 시각으로 당시의 모든 문화와 역사, 나아가 역사관을 구명할 수 있는 기초자료로 활용되기를 기대한다.

2. 근대 조선의 일본어 교육

1) 일본의 '国語' 이데올로기

근대에 들어와서 국가는 소속감, 공통문화에 대한 연대의식과 정치적 애국심을 바탕으로 강력한 국민국가의 형태로 나타나게 되었고, 외세의 침입으로부터 국가를 보호하기 위해 국민을 계몽하고 힘을 단합시키는 데 국가적 힘을 결집하게 된다. 그리고 국가가 필요로 하는 국민을 만들기 위해 공교육제도를 수립하고, 교육에 대한 통제를 강화하여 교육을 국가적 기능으로 편입시키게 된다.

국가주의는 국민(nation)의 주체로서 구성원 개개인의 감정, 의식, 운동, 정책, 문화의 동질성을 기본으로 하여 성립된 근대 국민국가라는 특징을 갖고 있다. 국가주의의 가장 핵심적인 요소는 인종, 국가, 민족, 영토 등의 객관적인 것이라고 하지만 公用語와 문화의 동질성에서 비롯된 같은 부류의 존재라는 '우리 의식'(we~feeling) 내지 '自覺'을 더욱 중요한 요인으로 보는 것이 일반적이다. 여기에서 더 나아가 '우리 의식'과 같은 국민의식은 국가를 위한 운동, 국가 전통, 국가 이익, 국가 안전, 국가에 대한 사명감(使命感) 등을 중시한다. 이러한 국민의식을 역사와 문화 교육을 통해 육성시킴으로써 강력한 국가를 건설한 예가 바로 독일이다. 근대 국민국가의 어떤 특정한 주의, 예를 들면 독일의 나치즘(Nazism), 이탈리아의 파시즘(Fascism), 일본의 쇼비니즘(Chauvinism)은 맹목적인 애국주의와 국수주의적인 문화 및 민족의식을 강조하고, 이러한 의식을 활용하여 제국적인 침략주의로 전락하고 있는 것도 또 하나의 특징이다.

'Ideology'란 용어는 Idea와 Logic의 합성어로 창의와 논리의 뜻을 담고 있다. Engels와 Marx의 이념 정의를 요약하면, "자연, 세계, 사회 및 역사에 대해 가치를 부여하고 그 가치성을 긍정적, 부정적으로 평가하는 동의자와 일체감을 형성하여 그 가치성을 행동으로 성취하는 행위"[1]라는 것이다. 따라서 Ideology란 '개인의 의식 속에 내재해 있으면서도 개인의식과는 달리 개인이 소속한 집단, 사회, 계급, 민족이 공유하고 있는 〈공동의식〉, 즉 〈사회의식〉과 같은 것'이라 할 수 있다.

메이지유신 이후 주목할 만한 변화를 보면, 정치적으로는 〈國民皆兵制〉(1889)가 실시되고, 〈皇室典範〉(1889)이 공포되어 황실숭상을 의무화하는가 하면, 〈大日本帝國憲法〉(1889)이 반포되어 제국주의의 기초를 마련한다. 교육적으로는 근대 교육제도(學制, 1872)가 제정 공포되고, 〈敎育勅語〉(1890)와 「기미가요(君が代)」(1893) 등을 제정하여 제정일치의 초국가주의 교육체제를 확립하였으며,[2] 교과서정책 또한 메이지 초기 〈自由制〉, 1880년 〈開申制(届出制)〉, 1883년 〈認可制〉, 그리고 1886년 〈檢定制〉를 거쳐, 1904年 〈国定敎科書〉 정책으로 규제해 나간다.

우에다 가즈토시(上田萬年)가 주장했던 '母語 = 国語' 이데올로기는, 일본어의 口語에 의해, 보다 구체화되었다. 그러나 그 중핵은 학습에 의해서만 습득할 수 있는 극히 인위적인 언어였음에도 불구하고 근대일본의 여러 제도(교육, 법률, 미디어 등)는, 이 口語에 의해 유지되어, '母語 = 国語' 이데올로기로 확대 재생산되기에 이르렀으며, 오늘날에도 '일본어 = 국어'는 일본인에 있어서 대단히 자명한 사실인 것처럼 받아들여지고 있다.

일본은 국가신도(國家神道)를 통하여 일본인과 조선인에게 천황신성사상의 이데올로기를 심어주려 하였다. 만세일계의 황통이니, 팔굉일우(八紘一宇)니, 국체명징(國體明徵)이니, 기미가요(君が代) 등으로 표현되는 천황에 대한 충성심과 희생정신이 일본국가주의의 중심사상으로 자리 잡게 된

---

1) 高範瑞 외 2인(1989), 『現代 이데올로기 總論』, 학문사, pp.11~18 참조.
2) 黃惠淑(2000), 「日本社會科敎育의 理念變遷硏究」, 韓國敎員大學校 大學院 博士學位論文, p.1

것이다. 즉, '명령과 절대복종'식의 도덕성과 충군애국사상을 교육을 통해
서 심어주고자 한 것이 '국가주의'에 의한 일본식 교육이었음을 알 수 있다.

2) 합병 후 조선의 교육제도와 일본어 교육

조선에서의 일본어 교육은 식민지라는 특수한 상황에서 일본식 풍속
미화의 동화정책을 시행하기 위해 가장 기본적인 수단으로 중요시되었
다. 이는 말과 역사를 정복하는 것이 동화정책의 시작이요 완성이라는
의미이다.

1910년 8월 29일, 한국은 일본에 합병되었으며, 메이지천황의 합병에 관
한 조서(詔書)는 다음과 같다.

> 짐은 동양의 평화를 영원히 유지하고 제국의 안전을 장래에 보장할 필요
> 를 고려하여……조선을 일본제국에 합병함으로써 시세의 요구에 응하
> 지 않을 수 없음을 염두에 두어 이에 영구히 조선을 제국에 합병하노라…
> 下略…3)

일제는 한일합병이 이루어지자 〈大韓帝國〉을 일본제국의 한 지역으로
인식시키기 위하여 〈朝鮮〉으로 개칭(改稱)하였다. 그리고 제국주의 식민지
정책 기관으로 〈朝鮮總督府〉를 설치하고, 초대 총독으로 데라우치 마사타
케(寺內正毅)를 임명하여 무단정치와 제국신민 교육을 병행하여 추진하였
다. 따라서 일제는 조선인 교육정책의 중점을 '점진적 동화주의'에 두고 풍
속미화(풍속의 일본화), 일본어 사용, 국정교과서의 편찬과 교원양성, 여자
교육과 실업교육에 주력하여 보통교육으로 관철시키고자 했다. 특히 일제

---

3) 教育編纂会『明治以降教育制度発達史』第十巻 1964년 10월 p.41(필자 번역, 이하 동).
　 朝鮮教育研究會,『朝鮮教育者必讀』, 1918년, pp.47~48 참고

보통교육 정책의 근간이 되는 풍속미화는 황국신민의 품성과 자질을 육성
하기 위한 것으로 일본의 국체정신과 이에 대한 충성, 근면, 정직, 순량,
청결, 저축 등의 습속을 함양하는 데 있었다. 일본에서는 이를 〈통속교육
위원회〉라는 기구를 설치하여 사회교화라는 차원에서 실행하였는데, 조선
에서는 이러한 사회교화 정책을 보통학교를 거점으로 구상했다는 점이 일
본과 다르다 할 수 있다.[4]

조선총독부는 한국병합 1년 후인 1911년 8월 24일 〈朝鮮敎育令〉[5]을 공
포함으로써 교육령에 의한 본격적인 동화교육에 착수한다. 초대 조선총독
데라우치 마사타케(寺内正毅)의 교육에 관한 근본방침을 근거로 한 〈朝鮮
敎育令〉은 全文 三十條로 되어 있으며, 그 취지는 다음과 같다.

> 조선은 아직 일본과 사정이 같지 않아서, 이로써 그 교육은 특히 덕성(德
> 性)의 함양과 일본어의 보급에 주력함으로써 황국신민다운 성격을 양성
> 하고 아울러 생활에 필요한 지식 기능을 교육함을 본지(本旨)로 하고……
> 조선이 제국의 융운(隆運)에 동반하여 그 경복(慶福)을 만끽함은 실로 후
> 진 교육에 중차대한 조선 민중을 잘 유의시켜 각자 그 분수에 맞게 자제를
> 교육시켜 成德 達才의 정도에 따라야 할 것이며, 비로소 조선의 민중은
> 우리 皇上一視同仁의 홍은(鴻恩)을 입고, 一身一家의 福利를 향수(享受)
> 하고 人文 발전에 공헌함으로써 제국신민다운 열매를 맺을 것이다.[6]

이에 따라 교사의 양성에 있어서도 〈朝鮮敎育令〉에 의하여, 구한말 고종
의 〈교육입국조서〉의 취지에 따라 설립했던 기존의 '한성사범학교'를 폐지

---

4) 정혜정・배영희(2004), 「일제 강점기 보통학교 교육정책연구」, 『敎育史學 硏究』, 서울
   대학교 敎育史學會 편, p.166 참고
5) 敎育編纂会(1964, 10) 『明治以降敎育制度発達史』 第十巻, pp.60~63
6) 조선총독부(1964, 10), 『朝鮮敎育要覧』, 1919년 1월, p.21. 敎育編纂会 『明治以降敎育制度
   発達史』 第十巻, pp.64~65

하고, '관립고등보통학교'와 '관립여자고등보통학교'를 졸업한 자를 대상으로 1년간의 사범교육을 실시하여 배출하였다. 또한 부족한 교원은 '경성고등보통학교'와 '평양고등보통학교'에 부설로 수업기간 3개월의 임시교원 속성과를 설치하여 〈朝鮮敎育令〉의 취지에 맞는 교사를 양산해 내기에 이른다.

데라우치 마사타케가 제시한 식민지 교육에 관한 세 가지 방침은 첫째, '조선인에 대하여 〈敎育勅語〉(Imperial rescript on Education)의 취지에 근거하여 덕육을 실시할 것' 둘째, '조선인에게 반드시 일본어를 배우게 할 것이며 학교에서 敎授用語는 일본어로 할 것.' 셋째, '조선인에 대한 교육제도는 일본인과는 별도로 하고 조선의 時勢 및 民度에 따른 점진주의에 의해 교육을 시행하는 것'이었다.

〈제1차 조선교육령〉(1911)에 의거한 데라우치 마사타케의 교육방침은 "일본인 자제에게는 학술, 기예의 교육을 받게 하여 국가융성의 주체가 되게 하고, 조선인 자제에게는 덕성의 함양과 근검을 훈육하여 충량한 국민으로 양성해 나가는 것"[7]으로, 이를 식민지 교육의 목표로 삼았다. 데라우치는 이러한 교육목표를 내세우며, 일상생활에 '필수(必須)한 知識技能'을 몸에 익혀 실세에 적응할 보통교육을 강조하는 한편, 1911년 11월의 「일반인에 대한 유고(諭告)」에서는 '덕성을 함양하고 일본어를 보급하여 신민을 양성해야 한다'고 '교육의 필요성'을 역설하기도 했다. 이에 따라 보통학교의 교육연한은 보통학교 3~4년제, 고등보통학교 4년제, 여자고등보통학교 3년제로 정해졌으며, 이와 관련된 사항을 〈朝鮮敎育令〉에 명시하였다.

한편 일본인학교의 교육연한은 초등학교 6년제, 중학교 5년제, 고등여학교 5년제(1912년 3월 府令 제44호, 45호)로, 조선인과는 다른 교육정책으로 복선형 교육제도를 실시하였음을 알 수 있다. 〈제1차 조선교육령〉과 〈보

---

7) 정혜정·배영희(2004), 위의 논문, p.167

통학교시행규칙〉에 의한 보통학교 교과목과 교과과정, 그리고 수업시수를 〈표 1〉로 정리하였다.[8]

〈표 1〉 〈제1차 조선교육령〉 시기 보통학교 교과과정과 매주 교수시수(1911~1921)[9]

과목 \ 학년	1학년		2학년		3학년		4학년	
	과정	시수	과정	시수	과정	시수	과정	시수
수신	수신의 요지	1	좌동	1	좌동	1	좌동	1
국어	독법, 해석, 회화, 암송, 받아쓰기, 작문, 습자	10	좌동	10	좌동	10	좌동	10
조선어 及한문	독법, 해석, 받아쓰기, 작문, 습자	6	좌동	6	좌동	5	좌동	5
산술	정수	6	좌동	6	좌동, 소수, 제등수, 주산	6	분수, 비례, 보합산, 구적, 주산	6
이과					자연계의 사물현상 및 그의 이용	2	좌동, 인신생리 및 위생의 대요	2
창가	단음창가	3	좌동	3	좌동	3	좌동	3
체조	체조, 보통체조				좌동		좌동	
도화	자재화				좌동		좌동	
수공	간이한 세공				좌동	2	좌동	2
재봉及수공	운침법, 보통의류의 재봉, 간이한 수예		보통의류의 재봉법, 선법, 간이한 수예		좌동 및 의류의 선법		좌동	
농업초보					농업의 초보 및 실습		좌동	
상업초보					상업의 초보		좌동	
계		26		26		27		27
국어/전체시수 (%)		38		38		37		37

---

8) 朝鮮教育會(1935), 『朝鮮學事例規』, pp.409~410 참조
9) 〈표 1〉은 김경자 외 공저(2005), 『한국근대초등교육의 좌절』, p.77을 참고하여 재작성하였음.

〈표 1〉에서 알 수 있듯이 1, 2학년의 교과목에는 수신, 국어, 조선어및한문, 산술, 창가에 시수를 배정하였으며, '체조', '도화', '수공'과, '재봉및수공(女)'과목은 공식적으로 시수를 배정하지 않았다. 그러나 교과과정을 명시하여 교사의 재량 하에 교육과정을 이수하게 하였다. 그리고 3, 4학년과정에서 '조선어및한문'을 1시간을 줄이고 '수공'에 2시간을 배정함으로써 차츰 실용교육을 지향하고 있음을 보여준다.

가장 주목되는 것은 타 교과목에 비해 압도적인 시수와 비중을 차지하고 있는 '國語(일본어)' 과목이다. 특히 언어교육이란 지배국의 이데올로기를 담고 있기 때문에 일본어교육은 일제가 동화정책의 출발점에서 가장 중요시하였던 부분이었다. 〈표 1〉에서 제시된 '國語'과목의 주된 교과과정은 독법, 회화, 암송, 작문, 습자 등으로 일본어교육의 측면만을 드러내고 있다. 그런데 교과서의 주된 내용이 일본의 역사, 지리, 생물, 과학을 포괄하고 있을 뿐만 아니라, 일본의 사상, 문화, 문명은 물론 '실세에 적응할 보통교육' 수준의 실용교육에 까지 미치고 있어, '國語'교과서만으로도 타 교과목의 내용을 학습하도록 되어 있어 식민지교육을 위한 종합교과서라고 볼 수 있다. 그런만큼 40%에 가까운 압도적인 시수를 배정하여 집중적으로 교육하였음은 당연한 일이었을 것이다.

3. 〈제2차 조선교육령〉 시기의 일본어 교육

1) 3·1 독립운동과 〈제2차 조선교육령〉

합병 후 일제는 조선총독부를 설치하고 무단 헌병정치로 조선민족을 강압하였다. 육군대신 출신이었던 초대 총독 데라우치 마사타케(寺內正毅)에서 육군대장 하세가와 요시미치(長谷川好道)총독으로 계승된 무단통치는

조선인들의 반일감정을 고조시켰으며, 마침내 〈3·1독립운동〉이라는 예
상치 못한 결과를 초래했다.

일제는 일제의 침략에 항거하는 의병과 애국계몽운동을 무자비하게 탄
압하고 강력한 무단정치를 펴나가는 한편, 민족고유문화의 말살, 경제적
침탈의 강화로 전체 조선민족의 생존에 심각한 위협을 가했다. 일제는 민
족자본의 성장을 억제할 목적으로 〈회사령〉(會社令, 1910)을 실시함으로써
총독의 허가를 받아야만 회사를 설립할 수 있도록 제한하였고, 〈조선광업
령〉(朝鮮鑛業令, 1915), 〈조선어업령〉(朝鮮漁業令, 1911) 등을 통해 조선에
있는 자원을 착출하였다. 또한 토지조사사업(土地調査事業, 1910~18)으로
농민의 경작지가 국유지로 편입됨에 따라 조상전래의 토지를 빼앗기고 빈
농 또는 소작농으로 전락하기에 이르러, 극히 일부 지주층을 제외하고는
절박한 상황에 몰리게 되었다. 이렇듯 식민통치 10년 동안 자본가, 농민,
노동자 등 사회구성의 모든 계층이 식민통치의 피해를 직접적으로 체감하
게 되면서 민중들의 정치, 사회의식이 급격히 높아져 갔다.

1918년 1월 미국의 윌슨대통령이 전후처리를 위해 〈14개조평화원칙〉을
발표하고 민족자결주의를 제창했는데, 같은 해 말 만주 지린에서 망명 독
립 운동가들이 무오독립선언을 통하여 조선의 독립을 주장하였고, 이는 조
선 재일유학생을 중심으로 한 〈2·8 독립선언〉으로 이어졌다. 여기에 고
종의 독살설이 불거지면서 그것이 계기가 되어 지식인과 종교인들이 조선
독립의 불길을 지피게 되자, 삽시간에 거족적인 항일민족운동으로 확대되
었고, 일제의 무단정치에 대한 조선인의 분노 역시 더욱 높아져갔다.

고종황제의 인산(因山, 국장)이 3월 3일로 결정되자, 손병희를 대표로 한
천도교, 기독교, 불교 등 종교단체의 지도자로 구성된 민족대표 33인은 많
은 사람들이 서울에 모일 것을 예측하고, 3월 1일 정오를 기하여 파고다공
원에 모여 〈독립선언서〉를 낭독한 후 인쇄물을 뿌리고 시위운동을 펴기로

하였으며, 각 지방에도 미리 조직을 짜고 독립선언서와 함께 운동의 방법과 날짜 등을 전달해두었다. 독립선언서와 일본정부에 대한 통고문, 그리고 미국대통령, 파리강화회의 대표들에게 보낼 의견서는 최남선이 기초하고, 제반 비용과 인쇄물은 천도교측이 맡아, 2월27일 밤 보성인쇄소에서 2만 1천장을 인쇄하여, 은밀히 전국 주요도시에 배포했다. 그리고 손병희 외 33명의 민족대표는 3월 1일 오후 2시 정각 인사동의 태화관(泰和館)에 모였다. 한용운의 〈독립선언〉 낭독이 끝나자, 이들은 모두 만세삼창을 부른 후 경찰에 통고하여 자진 체포당했다.

한편, 파고다 공원에는 5천여 명의 학생들이 모인 가운데 정재용(鄭在鎔)이 팔각정에 올라가 독립선언서를 낭독하고 만세를 부른 후 시위에 나섰다. 이들의 시위행렬에 수많은 시민들이 가담하였다. 다음날에는 전국 방방곡곡에서 독립만세와 시위운동이 전개되었다. 이에 조선총독부는 군대와 경찰을 동원하여 비무장한 군중에게 무자비한 공격을 가했다. 그로인해 유관순을 비롯한 수많은 사람들이 학살되거나 부상당하였으며 투옥되는 참사가 벌어졌고, 민족대표를 위시한 지도자 47명은 내란죄로 기소되었다.

〈3·1운동〉 이후 전국적으로 퍼져나간 시위운동 상황에 대한 일본 측 발표를 보면, 집회회수 1,542회, 참가인원수 202만3,089명에 사망 7,509명, 부상 1만5,961명, 검거된 인원은 5만2,770명에 이르렀으며, 불탄 건물은 교회 47개소, 학교 2개교, 민가 715채에 달하였다 한다. 이 거족적인 독립운동은 일제의 잔인한 탄압으로 많은 희생자를 낸 채 목표를 달성하지는 못했지만, 국내외적으로 우리 민족의 독립정신을 선명히 드러낸 바가 되어, 우리 근대민족주의 운동의 시발점이 되었다. 이는 아시아의 다른 식민지 및 반식민지의 민족운동 등에도 영향을 끼쳤는데, 특히 중국의 〈5·4 운동〉, 인도의 무저항 배영(排英)운동인 〈제1차 사타그라하운동〉, 이집트의 반영자주운동, 터키의 민족운동 등 아시아 및 중동지역의 민족운동을 촉진

시킨 것으로 높이 평가되었다.

이처럼 3·1운동은 한국인들의 민족의식을 고취시키고 거국적인 독립운동을 촉진시켜 급기야 상해임시정부가 수립되는 성과를 얻게 되었으며, 대내적으로는 일제의 무단통치를 종결시키게 되는 계기가 된다.

3·1운동 이후의 조선총독정치의 재편과 문화통치의 실시에는 당시 일본 수상이었던 하라 다카시(原敬)의 아이디어가 많이 작용했다. 하라는 한반도에서의 독립만세운동 사건을 접한 후 조선통치방법에 변화의 필요성을 느끼고 조선총독부 관제를 개정함과 동시에 새로운 인사 조치를 단행했다. 그리하여 하세가와(長谷川)총독의 사표를 받고, 이어 제 3대 총독으로 사이토 미나토(齋藤實)를 임명하여 문화정치를 표방하면서 조선인의 감정을 무마하려고 하였다. 새로 부임한 사이토는 1919년 9월 3일 새로운 시정방침에 대한 훈시에서 "새로운 시정방침이 천황의 聖恩에 의한 것"이라고 전제하고 "內鮮人으로 하여금 항상 동포애로 相接하며 공동협력 할 것이며, 특히 조선인들은 심신을 연마하고 문화와 民力을 향상시키기를 바란다."10) 고 했는데, 이때부터 총독의 공식적인 발언에서 '내선융화'라는 단어가 빈번하게 사용되었다. 이러한 식민지 융화정책의 일환으로 1919년 말에는 3面 1校制11)를 내세워 조선인도 일본인과 동일하게 처우할 것임을 공언하였으며, 1920년에는 부분적으로 개정된 교육령(칙령 제19호)을 제시하여 〈일시동인〉의 서막을 열었다. 그리고 1922년 2월 교육령을 전면 개정하여 전문 32개조의 〈제2차 조선교육령〉을 공포하였는데, 이는 3·1 독립운동으로 대표되는 조선인의 저항에 따른 식민지교육의 궤도수정이었다 할 수 있겠다.

---

10) 조선총독부(1921), 『朝鮮에 在한 新施政』, pp.54~56
11) 3面 1校制: 1919년에 실시된 것으로 3개의 面에 하나의 학교 설립을 의미한다. 이후 1929년 1面 1교제를 실시하게 되어 면 지역을 중심으로 학교가 급증하게 된다. 윤병석(2004), 『3·1운동사』, 국학자료원 p.47

〈2차 교육령〉의 특기할만한 점은 '一視同仁'을 추구하기 위해 일본 본토의 교육제도에 준거하여 만들어졌다는 점이다. 따라서 교육제도와 수업연한 등에서 이전과는 다른 변화를 볼 수 있으며, 종래에 저급하게 짜였던 학교체계를 고쳐 사범교육과 대학교육을 첨가하고 보통 교육, 실업교육, 전문교육의 수업연한을 다소 높였음이 파악된다. 그러나 법령 제3조에서 '국어(일본어)를 상용하는 자와 그렇지 않은 자'를 구별하였으며, 종래와 같이 일본인을 위한 소학교와 조선인을 위한 보통학교를 여전히 존속시킴으로써 실질적으로는 민족차별을 조장하였음을 알 수 있다.

보통학교 교육에 대한 취지와 목적은 〈1차 교육령〉과 거의 동일하다. 이는 당시 조선총독부에서 제시한 신교육의 요지와 개정된 교육령의 항목에서 찾을 수 있다.

> 보통교육은 국민된 자격을 양성하는 데 있어 특히 긴요한 바로서 이 점에 있어서는 법령의 경개에 의하여 변동이 생길 이유가 없음은 물론이다. 즉 고래의 양풍미속을 존중하고 순량한 인격의 도야를 도모하며 나아가서는 사회에 봉사하는 념(念)을 두텁게 하여 동포 집목의 미풍을 함양하는데 힘쓰고 또 일본어에 숙달케 하는데 중점을 두며 근로애호의 정신을 기르고 흥업치산의 지조를 공고히 하게 하는 것을 신교육의 요지로 한다.[12]

> 보통학교는 아동의 신체적 발달에 유의하여, 이에 덕육을 실시하며, 생활에 필수한 보통의 지식 및 기능을 수여하여 국민으로서의 성격을 함양하고 국어를 습득시킬 것을 목적으로 한다.[13]

이처럼 〈2차 교육령〉에서의 보통학교 교육목적은 이전의 '충량한 신민

---

12) 조선총독부(1922), 「관보」, 1922. 2. 6
13) 〈제2차 조선교육령〉 제4조

의 육성'이라는 교육목표를 언급하고 있지는 않지만, 교육 목적에 있어서는 이전과 다를 바 없다. 생활에 필수적인 보통의 '지식과 기능'을 기른다고 명시함으로써 학교에서 가르쳐야 할 것을 생활의 '필요'에 한정하고 있으며, '국민으로서의 성격을 함양하거나 '국어습득'을 강조함으로써 國語 즉 일본어를 습득시켜 일제의 충량한 신민을 양육하고자 하는 의도가 그대로 함축되어 있음을 알 수 있다.

2) 교과목과 수업시수

〈2차 교육령〉에서 이전의 교육령에 비해 눈에 띄게 변화된 점이 있다면 바로 보통학교의 수업연한이 6년제로 바뀐 점이다. 조선총독부는 이의 규정을 제5조에 두었는데, 그 조항을 살펴보면 "보통학교의 수업 연한은 6년으로 한다. 단 지역의 정황에 따라 5년 또는 4년으로 할 수 있다."[14)]로 명시하여 지역 상황에 따른 수업연한의 유동성을 예시하였다. 이에 따른 교과목과 교육시수를 〈표 2〉로 정리하였다.

〈표 2〉〈제2차 조선교육령〉 시기 보통학교 교과목 및 매주 교수시수

학제	4년제 보통학교				5년제 보통학교					6년제 보통학교					
과목\학년	1	2	3	4	1	2	3	4	5	1	2	3	4	5	6
수신	1	1	1	1	1	1	1	1	1	1	1	1	1	1	1
국어	10	12	12	12	10	12	12	12	9	10	12	12	12	9	9
조선어	4	4	3	3	4	4	3	3	3	4	4	3	3	3	3
산술	5	5	6	6	5	5	6	6	4	5	5	6	6	4	4
일본역사									5					2	2
지리														2	2
이과				3				2	2				2	2	2

---

14) 〈제2차 조선교육령〉 제5조

과목															
도화		1	1			1	1	2(남)1(여)					1	2(남)1(여)	2(남)1(여)
창가 체조	3	3	1 / 3(남)2(여)	1 / 3(남)2(여)	3	3	1	1 / 3(남)2(여)	1 / 3(남)2(여)	3	3	3	1 / 3(남)2(여)	1 / 3(남)2(여)	1 / 3(남)2(여)
재봉 수공			2	2				2	3				2	3	3
계	23	25	27(남)28(여)	27(남)28(여)	23	25	27	29(남)31(여)	30(남)31(여)	23	25	27	29(남)30(여)	29(남)30(여)	29(남)30(여)

〈2차 조선교육령〉 시행기는 〈1차 조선교육령〉 시행기에 비하여 '조선어 및 한문'이 '조선어'과목으로 되어 있으며, 수업시수가 이전에 비해 상당히 줄어든 반면, 國語(일본어)시간이 대폭 늘어났다. 주목되는 점은 '역사'와 '지리'과목을 별도로 신설하고 5, 6학년 과정에 배치하여 본격적으로 일본 사와 일본지리를 교육하고자 하였음을 알 수 있다.

한편 4년제 보통학교의 경우 조선어 교과의 비중감소나 직업교과의 비중감소 등은 6년제와 유사하다. 그러나 5년제나 6년제와는 달리 역사, 지리 등의 교과가 개설되지 않았다는 점에서 이 시기의 4년제 보통학교는 '간이교육기관'의 성격을 띠고 있었음을 알 수 있다.

또한 조선총독부는 지속적으로 〈보통학교규정〉을 개정하였는데, 개정된 보통학교 규정의 주요 항목들을 살펴보면, 1923년 7월 31일 〈조선총독부령 제100호〉로 개정된 〈보통학교규정〉에서는 4년제 보통학교의 학과목의 학년별 교수정도와 매주 교수시수표상의 산술 과목 제4학년 과정에 '주산가감'을 첨가하도록 하였다. 또한 1926년 2월 26일 〈조선총독부령 제19호〉의 〈보통학교규정〉에서는 보통학교의 교과목을 다음과 같이 부분적으로 개정하였는데, ①제7조 제3항(4년제 보통학교는 농업, 상업, 한문은 가할 수 없음) 중 농업, 상업을 삭제하고 ②"수의과목이나 선택과목으로 한문을 가하는 경우 제5학년, 제6학년에서 이를 가하고 이의 매주 교수시수는 전항의 예에 의하는 것"으로 하였다. 그리고 1927년 3월 31일자 〈조선총독부령 제22호〉의 〈보통학교규정〉에서는 보통학교 교과목 중 '일본역사' 과목의 과목명을 '국사'로 바꾸었다.

한편 〈제2차 조선교육령〉에 나타난 '교수상의 주의사항'을 〈1차 조선교육령〉기와 비교해 볼 때, 국어(일본어) 사용과 관련된 기존의 항목만이 삭제되고 나머지는 거의 유사하다. 이와 같이 일본어 사용에 대한 명시적인 강조가 사라진 것은 1919년 독립운동 후 조선의 전반적인 사회분위기를 고려한 것으로 추정된다.

3) 관공립 사범학교의 초등교원 양성과정

강점초기의 관립사범학교로는 관립경성사범학교를 들 수 있는데, 이 학교는 조선총독부 사범학교였던 경성사범학교가 개편된 것으로, 1부는 소학교 교원을, 2부는 보통학교 교원을 양성하도록 하였다. 또한 '보통과'와 '연습과'를 설치하여 '보통과'는 5년(여자는4년), '연습과'는 1년의 수업 연한을 두었다.

'보통과'는 12세 이상의 심상소학교나 6년제 보통학교 졸업자, 중학교 또는 고등보통학교 재학자, 12세 이상으로 국어, 산술, 일본역사, 지리, 이과에 대하여 심상소학교 졸업 정도로, 시험에 합격한 자에게 입학 기회가 주어졌다. '연습과'는 보통과 졸업자 외에 문부성 사범학교 규정에 의한 사범학교 본과 졸업자, 중학교 혹은 고등여학교 졸업자, 고등보통학교 혹은 여자고등보통학교 졸업자, 실업학교 졸업자, 전문학교 입학자, 검정시험 합격자, 사범학교 연습과 입학자격시험 합격자에 한해서 입학할 수 있었다. 졸업 후에는 각 과정 중의 혜택에 따라 의무 복무 기간을 이행해야 했는데, '보통과'와 '연습과'를 거친 관비졸업자는 7년을, 사비졸업자는 3년을 보통학교나 소학교에서 근무해야 했으며, 또 '연습과'만을 거친 관비졸업자에게는 2년, 사비졸업자는 1년의 의무 복무기간을 부여하였다.

이처럼 강점초기에는 관립이나 공립사범학교라는 독립된 교원양성기관을 설치하여 식민지 교육목적에 합당한 교원으로 양성하려 하는 한편, 사범학교 이외의 교원양성과정에 의하여 교원을 선발하기도 하였다. 이러한 점은 교원의 선발기준에서 다양성을 보여줌으로써 장점으로 작용하기도 하였으나, 교원의 수준 격차라는 문제성을 드러내기도 하였다.

1922년에 〈2차 조선교육령〉이 공포된 이후 초등교원 양성에 관한 정책에도 변화가 일어난다. 조선총독부는 기존의 다양한 교원양성과정을 정리하고, 관공립사범학교를 위주로 하여 교원양성교육을 실시하도록 하였다.

공립사범학교는 1922년 〈제2차 조선교육령〉과 〈사범학교규정〉에 의해 1922년부터 1923년까지 12개 도에 공립특과사범학교 형태로 설치되었다. 공립사범학교의 특과에는 2년제 고등소학교 졸업자 또는 이와 동등 이상의 학력이 있는 자가 입학 할 수 있었다. 학년은 3학기로 나뉘어져 운영되었으며, 수업연한은 처음에는 2년이었다가 1924년부터 3년으로 연장되었다. 특과의 교과목으로는 수신, 교육, 국어, 역사, 지리, 수학, 이과, 도화, 수공, 음악, 체조, 농업, 조선어 및 한문이 부과되었다. 생도에게는 학자금과 기숙사가 제공되었는데 이러한 혜택은 복무 의무와도 연결되어 3년제 특과 관비 졸업자는 4년의 의무 복무 기간을, 2년제 관비 졸업자는 3년, 특과 사비 졸업자는 2년의 복무 기간을 이행해야 했다. 그럼에도 이러한 조치와는 별도로 관립중등학교에 부설했던 사범과를 1925년까지 계속 유지시켰는데, 이는 부족한 초등교원을 양산하기 위한 것이었음을 알 수 있다.

한편 교원의 직급과 그 자격시험에 관한 내용은 1911년 10월에 내려진 〈조선총독부령 제88호〉에 제시되어 있는데, 그 내용을 살펴보면 교원의 직급은 교장, 교감, 훈도, 부훈도, 대용교원, 강사로 되어 있다. 그리고 자격시험을 3종으로 나누어, 제1종은 소학교 및 보통학교의 훈도, 제2종은 보통학교 훈도, 제3종은 보통학교 부훈도에 임명함을 명시하고 있다. 이 때 제2종과 제3종 시험은 조선인만 치를 수 있었으며, 제3종 시험 교과목은 수신, 교육, 국어, 조선어 급 한문, 산술, 이과, 체조, 도화, 실업(여자의 경우 재봉 및 수예, 남자의 경우 농업, 상업 중 1과목)으로 하였다.[15]

〈2차 조선교육령〉 기간 동안은 교원자격시험에도 간간히 변화가 있었는데, 1922년 4월 8일 〈조선총독부령 제58호〉에 의한 변화로는, 시험은 종전과 같이 3종으로 나누었고, 제1종 시험과목 및 그 정도는 남자에 있어서는 사범학교 남생도, 여자에 있어서는 사범학교 여생도에 관한 학과목 및 그 정도에 준하는 정도로 하였다. 또한 소학교 교원자격을 가진 자에게는 '영어' 및 '조선어' 과목을 부가하고, 보통학교 교원자격을 가진 자에게는 '영어'와 '농업' 혹은 '상업'과목을 부가하였다. 제2종 시험의 시험과목 및 그 정도는 남자에게는 사범학교 특과 남생도에, 여자에게는 사범학교 특과 여생도에 부과한 학과목 및 그 정도에 준하도록 하였으며, 그 중 소학교 교원자격을 가진 자는 '조선어'와 '농업' 혹은 '상업'과목에서 선택하도록 하였다. 제3종 시험은 국어(일본어) 상용자로, 한국인에 한하여 치르도록 하였는데, 제3종 시험에 급제한 자에게 제2종 시험을 치를 수 있게 하고, 제2종 시험에 급제한 자에게는 제1종 시험을 치를 수 있는 자격을 주었다.[16]

교원자격시험과 관련된 정책은 이듬해인 1923년에 다시 한 번 개정된다. 제1종 시험은 조선총독부에서, 제2종, 제3종 시험은 각 도에서 시행하도록 하였는데, 일본인 교원임용과 관련된 사항은 조선총독부에서 행하고, 한국인 교원임용과 관련된 사항은 각 도에서 행하도록 한 것이다.[17] 이러한 정책은 더 확장되어 1925년에는 제1종에서 제3종까지 모든 교원시험과 관

---

15) 조선총독부(1911), 「관보」, 1911.10.
16) 김경자 외 공저(2005), 앞의 책, pp.185~186 참조.
17) 조선총독부(1923), 「관보」, 1923.4.18.

련된 정책 권한을 각 도로 이양[18]하게 된다.

4. 第二期『普通學敎國語讀本』의 표기 및 배열

第二期『普通學敎國語讀本』은 3·1운동 이후 문화정치를 표방하면서 일본 본토의 교육과 차별 없이 실시한다는 〈일시동인〉에 중점을 둔 일제의 식민지 교육정책에 의하여 1923년부터 1924년에 걸쳐 모두 8권이 편찬되게 된다.

이의 편찬을 담당한 사람은 당시 조선총독부 학무국 소속 교과서 편수관으로 일본 국정교과서 편찬에도 참여했던 아시다 에노스케(芦田惠之助)였다. 아시다는 당시 조선총독 사이토가 공포한 〈2차 조선교육령〉의 취지에 입각하여 '內鮮融和'의 길을 다양한 방법으로 모색하여 교과서에 반영하였기 때문에, 第二期『普通學敎國語讀本』에는 '內鮮融和'라는 추상적 이미지의 실체가 상당히 구체적으로 제시되어 있음이 파악된다.

〈제2차 조선교육령〉의 획기적인 변화는 내지연장주의 교육이라는 틀 아래 일본의 소학교와 동일한 학제를 유지하기 위하여 보통학교 학제를 6년제로 개편한 점이다. 그런데 학제개편에 따른 교과서 출판이 원활하지 못한 관계로 조선총독부에서 편찬한 교과서는 1~4학년용 8권만이 출판되었으며, 5~6학년 교과서는 급한 대로 문부성 발간『尋常小學國語讀本』을 그대로 가져와 사용하게 되었다. 이에 대한 출판사항은 〈표 3〉과 같다.

---

18) 조선총독부(1925), 「관보」, 1925. 12. 23.

〈표 3〉〈제2차 교육령〉시기에 교육된 日本語教科書의 출판사항

巻數	출판 년도	사이즈		課	頁	정가	학년 학기
		縱	橫				
	朝鮮總督府　第三期　『普通學校國語讀本』1930～1935년						
巻一	1930	22	15		59	12錢	1학년 1학기
巻二	1930	22	15	26	79	13錢	1학년 2학기
巻三	1931	22	15	27	99	13錢	2학년 1학기
巻四	1931	22	15	25	104	13錢	2학년 2학기
巻五	1932	22	15	26	110	14錢	3학년 1학기
巻六	1932	22	15	25	107	14錢	3학년 2학기
巻七	1933	22	15	25	112	15錢	4학년 1학기
巻八	1933	22	15	26	130	15錢	4학년 2학기
巻九	1934	22	15	24	130	16錢	5학년 1학기
巻十	1934	22	15	24	138	16錢	5학년 2학기
巻十一	1935	22	15	24	127	16錢	6학년 1학기
巻十二	1935	22	15	28	140	16錢	5학년 2학기
계					1335		

〈표 3〉에서 알 수 있듯이 〈제2차 교육령〉시기에 교육된 '國語(일본어)'교과서는 조선총독부 발간『普通學校國語讀本』이 1학년부터 4학년까지 8권으로 되어 있으며, 문부성 발간『尋常小學國語讀本』은 5학년부터 6학년까지 4권으로 되어있다.

1911년에 제정된 〈普通學校施行規則〉에 의해 1913년부터는 신규편찬(新規編纂)의 교과서에 대해서는 자비구입이라는 원칙에 따라 第二期『普通學校國語讀本』의 가격은 13錢～18錢으로 책정이 되어 있다. 이는 第一期『普通學校國語讀本』이 각 6錢의 저가로 보급했던데 비해, 대한제국기 學部편찬 교과서의 가격(각 12錢)으로 회귀한 면을 보인다. 뿐만 아니라 第二期『普通學校國語讀本』은 〈표 3〉과 같이 학년에 차등을 두어 지면의 양에 비례하여 실비로 공급한 듯한 인상을 풍긴다. 이러한 점은 문부성 발간『尋常小學

『國語讀本』이 무상인 것과 묘한 대조를 이룬다.

第二期 『普通學校國語讀本』의 특징은, 第一期와 마찬가지로 띄어쓰기가 없는 일본어 표기에서 저학년(1, 2학년)용에 띄어쓰기가 채용된 점이다. 이는 역시 모어(母語)를 달리하는 조선 아동이 처음 일본어로 된 교과서에 쉽게 접근할 수 있게 하기 위함이었을 것이다.

第二期 『普通學校國語讀本』은 그 구성면에서 第一期에 비해 유화적인 면을 엿볼 수 있다. 먼저 삽화를 보면 군복차림의 선생님을 제시하여 위압적인 분위기를 조장하였던 1기에 비해, 2기에서는 모두 말쑥한 양복차림으로 등장하여 한층 유화적인 분위기로 변화하였다. 또한 일장기의 등장 횟수도 1기의 10회였던 것에 비해, 2기에는 3회에 그치는 것으로 사뭇 변화된 모습을 보이고 있다. 그리고 당시 총독부 학무국의 "조선에서 조선인을 교육할 교과서는 조선이라는 무대를 배경으로 하여야 함이 당연하다."[19]는 편찬방침에 따라 조선의 민화와 전설, 그리고 조선의 衣食住를 들어 채택하였으며, 삽화의 배경에 있어서도 조선의 것이 채택되었는데, 예를 들면 한복, 초가지붕, 민속놀이, 갓을 쓴 선비, 조선의 장독대, 그리고 일반 민중이 주로 이용하는 5일장의 모습을 교과서에 실음으로써 친근감을 유발하였다.

第二期 『普通學校國語讀本』에는 당시 식민지 교육정책이 그대로 반영되어 '일시동인'과 '내지연장주의'에 의한 동화정책을 꾀하는 한편 내부적으로는 실업교육을 강조하고 있었다. 때문에 '國語 교과서의 특성상 당연히 지배국의 언어교육에 중점을 두어 국체의 이식을 꾀하였으며, 여기에 국민으로서의 성격함양을 추구하는 내용을 여러 각도로 제시하여 동화교육을 실행해 나가는 한편, 실생활에 必修한 실용교육을 가정 및 사회생활 교육과 농업, 공업, 상업 등으로 연결되는 실업교육에 관련된 내용을 수록함으로써 식민지 교육목적에 부합하는 국민양성에 힘썼음을 알 수 있다.

---

19) 조선총독부(1923), 『조선교육례개정에따른신교과용도서편찬방침』, p.17

5. 보통학교 교과서와 교육상의 지침

1914년 일제가 제시한 보통학교 교과서 편찬의 일반방침은 앞서 제정, 선포되었던 「敎授上의 注意 幷 字句訂正表」의 지침을 반영하고 기본적으로 〈조선교육령〉과 〈보통학교규칙〉에 근거를 둔 것이었다. 이에 따라 교과서 기술에 있어서도 「朝鮮語及漢文」을 제외하고는 모두 일본어(國語)[20]로 통합하여 기술하였고, 1911년 8월에 조선총독부가 편찬한 『국어교수법』이나, 1917년에 주로 논의되었던 교육상의 교수지침에서도 '풍속교화를 통한 충량한 제국신민의 자질과 품성을 갖추게 하는 것임'을 명시하여 초등교육을 통하여 충량한 신민으로 교화시켜나가려 하였다.

1906년부터 조선어, 수신, 한문, 일본어 과목의 주당 수업시수를 비교해 놓은 〈표 4〉에서 알 수 있듯이, 수업시수는 1917년 일본어 10시간에, 조선어(한문) 5~6시간이었던 것이, 1938~1941년에는 수신 2시간, 일본어 9~12시간, 조선어 2~4시간으로 바뀌었으며, 이때의 조선어는 선택과목이었다. 그러다가 1941~1945년에는 조선어가 아예 누락되고 수신(국민도덕 포함) 및 일본어가 9~12시간으로 되어 있다. 이는 일본이 태평양전쟁을 전후하여 창씨개명과 징병제도를 실시하면서 민족말살정책을 점차 심화시켜 가는 과정으로 이해될 수 있다.

각 시기에 따른 학년별, 과목별 주당 수업시수는 〈표 4〉와 같다.

---

20) 일본어가 보급되기까지 사립학교 생도용으로 수신서, 농업서 등에 한하여 별도로 朝鮮譯書로 함

〈표 4〉 조선에서의 수신·조선어·한문·일본어의 주당 수업시수

학년	통감부(1907)				제1기(1911)			제2기(1922)			제3기(1929)			제4기(1938)			제5기(1941)
	수신	조선어	한문	일어	수신	국어(일어)	조선어 및 한문	수신	국어(일어)	조선어	수신	국어(일어)	조선어	수신	국어(일어)	조선어	국민과(수신/국어)
제1학년	1	6	4	6	1	10	6	1	10	4	1	10	5	2	10	4	11
제2학년	1	6	4	6	1	10	6	1	12	4	1	12	5	2	12	3	12
제3학년	1	6	4	6	1	10	5	1	12	3	1	12	3	2	12	3	2 / 9
제4학년	1	6	4	6	1	10	5	1	12	3	1	12	3	2	12	3	2 / 8
제5학년								1	9	3	1	9	2	2	9	2	2 / 7
제6학년								1	9	3	1	9	2	2	9	2	2 / 7
합계	4	24	16	24	4	40	22	6	64	20	6	64	20	12	64	16	62

* 제1기(보통학교시행규칙, 1911. 10. 20), 제2기(보통학교시행규정, 1922. 2. 15), 제3기(보통
학교시행규정, 1929. 6. 20), 제4기(소학교시행규정, 1938. 3. 15), 제5기(국민학교시행규정,
1941. 3. 31)

초등학교에는 合科的 성격의 「國民科」, 「理數科」, 「體鍊科」, 「藝能科」,
「實業科」라는 5개의 교과가 있었는데, 그 중의 「國民科」는 修身, 國語, 國史,
地理의 4과목으로 이루어져 있다. 國語, 國史, 地理의 合本的 텍스트로 「國民
科」의 4분의 3을 입력한 교과서 『普通學校國語讀本』의 내용 역시 「修身」
교과서와 같이 품성의 도야, 국민성 함양을 목표로 하고 있다. 또한 「朝鮮
語 及 漢文」 과목의 교재도 『普通學校國語讀本』과 마찬가지로 일본천황의
신민에 합당한 국민성을 함양케 하는 데 치중하고 도덕을 가르치며 상식을
알게 할 것에 교수목표를 두고 있다.

朝鮮統監府 및 朝鮮總督府의 관리하에 편찬 발행하여 조선인에게 교육했
던 일본어 교과서를 '統監府期'와 '日帝强占期'로 대별하고, 다시 日帝强占期
를 '1期에서 5期로 분류하여 '教科書名, 編纂年度, 卷數, 初等學校名, 編纂處
등을 〈표 5〉로 정리하였다.

〈표 5〉 朝鮮統監府, 日帝强占期 朝鮮에서 사용한 日本語教科書

區分	期數別 日本語教科書 名稱			編纂年度 및 卷數	初等學校名	編纂處
統監府期	普通學校學徒用 日語讀本			1907~1908 全8卷	普通學校	大韓帝國 學部
日帝强占期	訂正 普通學校學徒用國語讀本			1911. 3. 15 全8卷	普通學校	朝鮮總督府
	一期	普通學校國語讀本		1912~1915 全8卷	普通學校	朝鮮總督府
		改正普通學校國語讀本		1918 全8卷		
	二期	**普通學校國語讀本**		**1923~1924 全12卷**	**普通學校**	**(1~8)朝鮮總督府 (9~12)日本文部省**
	三期	普通學校國語讀本		1930~1935 全12卷	普通學校	朝鮮總督府
	四期	初等國語讀本 小學國語讀本		1939~1941 全12卷	小學校	(1~6)朝鮮總督府 (7~12)日本文部省
	五期	ヨミカタ	1~2학년 4권	1942 1~4卷	國民學校	朝鮮總督府
		初等國語	3~6학년 8권	1942~1944 5~12卷		

第二期『普通學校國語讀本』은 문화정치를 표방한 초등교육의 텍스트였지만 일제의 정치적 목적에 의해 편찬된 第一期『普通學校國語讀本』과 크게 다르지 않은 초등교과서로, 조선인을 일제가 의도하는 천황의 신민으로 육성하는 것을 목표로 편찬된 초등학교용 교과서라 할 수 있을 것이다.

2014년 2월
전남대학교 일어일문학과 김순전

조선총독부 편찬 (1923~1924)

『普通學校國語讀本』

第二期 한글번역 卷1

1학년 1학기

普通學校

國語讀本

卷一

ア	カ	サ	タ	ナ	ハ	マ	ヤ	ラ	ワ	ン
イ	キ	シ	チ	ニ	ヒ	ミ	イ	リ	(ヰ)	
ウ	ク	ス	ツ	ヌ	フ	ム	ユ	ル	ウ	
エ	ケ	セ	テ	ネ	ヘ	メ	エ	レ	(ヱ)	
オ	コ	ソ	ト	ノ	ホ	モ	ヨ	ロ	ヲ	

ガ	ザ	ダ	バ	パ
ギ	ジ	ヂ	ビ	ピ
グ	ズ	ヅ	ブ	プ
ゲ	ゼ	デ	ベ	ペ
ゴ	ゾ	ド	ボ	ポ

ハ(ha)
ナ(na)

꽃

복숭아 꽃

モ(mo)
ノ(no)

개
개
강아지

イ(i)
ヌ(nu)
コ(ko)

소
어미 소
송아지

ウ(u)
シ(shi)
オ(o)
ヤ(ya)

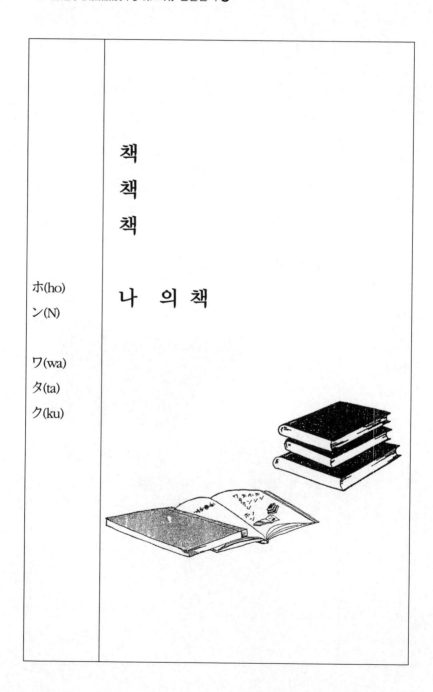

책

책

책

ホ(ho)
ン(N)

ワ(wa)
タ(ta)
ク(ku)

나 의 책

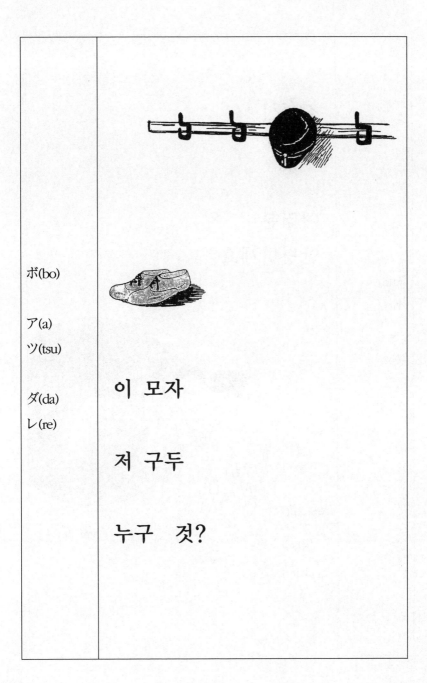

ボ(bo)

ア(a)
ツ(tsu)

ダ(da)
レ(re)

이 모자

저 구두

누구 것?

김 군!
안녕?

여러분!
안녕하세요?

キ(ki)
サ(sa)

ヨ(yo)

ミ(mi)

선생님!
안녕히 계십시오.

セ(se)
ラ(ra)

소풍

산

강

エ(e)
ソ(so)

マ(ma)

カ(ka)

길

다리

마을

チ(chi)

ム(mu)

ネ(ne)
ガ(ga)
ス(su)

ズ(zu)

고양이 가
있습니다.

쥐 가
있습니다.

수레 가
　있습니다.

배 가
　있습니다.

ル(ru)
リ(ri)

フ(hu)

땡 땡 땡

종 이 울린다.

ケ(ke)

시작 종이야?

쉬는 종이야?

ト(to)
テ(te)

メ(me)
デ(de)

비둘기 가
울고 있습니다.

참새 가
날고
있습니다.

바람 에
　팔랑팔랑
　　팔랑개비

물 에
　빙글빙글
　　물레방아

ゼ(ze)
ニ(ni)
ザ(za)

グ(gu)

비　가 내리고
　있습니다.

우산　을
　　쓰고
　갑니다.

궂은
날씨입니다.

ㅋ(0)

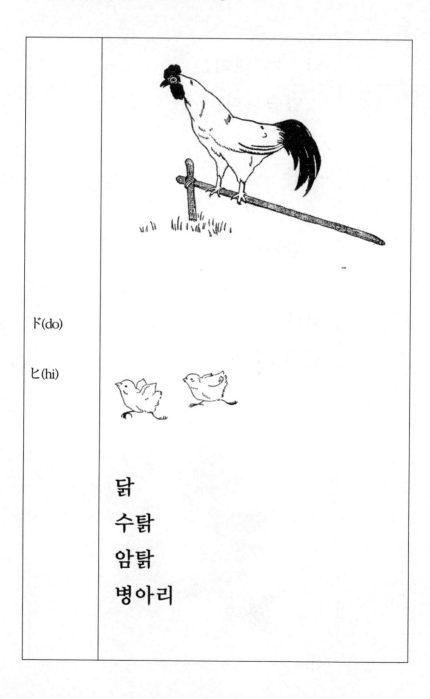

ド(do)

ヒ(hi)

닭
수탉
암탉
병아리

ピ(pi)

암탉 이 꼬꼬댁
　꼬꼭
　　부르고
　　　있습니다.

병아리 가
삐약 삐약
울고 옵니다.

ジ(zi)

그림 을 그리세요.

글 을 쓰세요.

개, 소, 책, 모자

구두, 산, 강, 고양이

쥐, 비둘기, 참새

닭, 병아리

말 의
　목 에
　　단
　　　방울

ビ(bi)

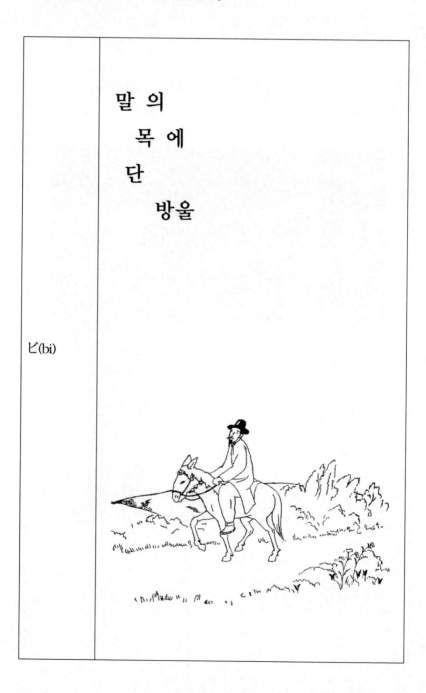

말 이
걸으면
방울 이
울린다.

어린이 와 강아지
　어린이 와 새끼고양이
　어린이 와 생쥐
　어린이 와 망아지
　어린이 와 송아지

양지 와 음지

저쪽 은 덥다.

이쪽 은 시원하다.

ケ(ge)

ハ(wa)

ブ(bu)

그네
그네
날아라 날아라 그네야!
산 도 강 도 움직인다.

그네
그네
날아라 날아라 그네야!
아직 해 는 높다.

ゴ(go)

술래잡기
할 사람

모여라.

나중 에
오는 사람
넣어주지 않아요.

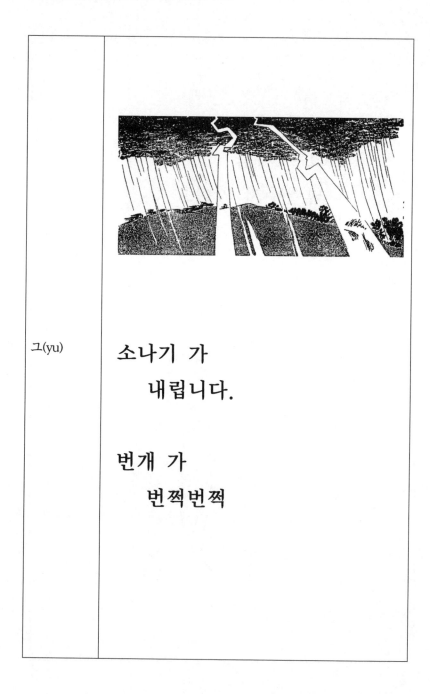

그(yu)

소나기 가
　내립니다.

번개 가
　번쩍번쩍

천둥 이
　우르릉

비 가
　후두둑

ㅁ(ro)

パ°(pa)

여름 의
화초

バ(ba)

과꽃
해바라기
나팔꽃
백합
봉선화

ゾ(zo)
ギ(gi)

수세미 꽃 이
　　피었습니다.

꽃봉오리 도
　　많이
　　달려 있습니다.

곧 긴
수세미 가 열립니다.

へ(he)

살구, 자두, 오이
뽕, 누에, 누에고치
연, 팽이, 북
피리, 깃발, 안경
빗, 거울, 수건
질주전자, 가위, 자

"이 안 에 무엇 이 있습니
까?"
"붓 일까요?"
"아니오."
"연필 일까요?"
"아니오."

"펜 일까요?"
"아니요."
"모르겠습니다."

"어라! 주머니칼 입니까?"

ペ(pe)

ベ(be) ポ(po) プ(pu)	"김씨(군)! 놀지않겠습니까?" "밥 을 먹고 나서 놀지요." "포플러나무 아래 에서 기다릴께 요." "예! 곧 가겠습니다."

대롱 끝 의 비눗방울

불면

점점

커

집니다.

빨강, 파랑
노랑, 보라
아! 예쁘다 예뻐!

어라! 사라졌다.

고추잠자리 가
날고 있다.

휙 휙 휙
날고 있다.

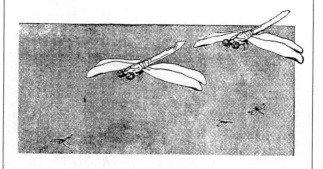

날아
갔다 가
날아 온다.

휙 휙 휙
날아 온다.

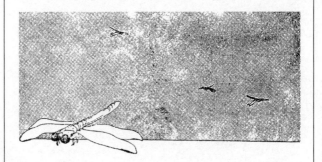

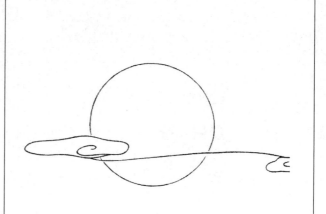

달 이 떴다.
커다란
 달 이다.

동그란
보름달 이다.

쟁반 같은
달이다.

낮 처럼
밝다.

달 이 떠서
　이슬 이 반짝 반짝
　　빛나고 있습니다.

풀 속 에는
　벌레 가
　　울고 있습니다.

맴맴맴
찌르르 찌르르
배짱이는 찌쓰 찌쓰
여치는 쓰르르 쓰르르

기러기 가 날아 옵니다.

일 이 삼
사 오 육
칠 팔 구
십

열 마리 날아 옵니다.

一(ichi)
二(ni)
三(san)
四(shi)
五(go)
六(roku)
七(sichi)
八(hachi)
九(kyuu)
十(zyuu)

기럭아! 기럭아! 날아라!
　큰 기러기 는
　　앞 에,
　작은 기러기 는
　　뒤 에,
　사이 좋게 날아라!

"생쥐야
생쥐야!

데굴데굴
굴러서
무얼 하느냐?"

"걸음마 연습 을
하고 있어요.

걸을
　수 있게
　　된다면,
　　　쌀 을
　　　먹으러
　　　　나가렵니다."

へ(he)

깊은 산 의 크나큰 호랑이 가
배 가 고파서,
마을 로 내려 왔습니다.

아이 : "엉엉"
호랑이 : "어어? 아이 가 울고 있네!"
아이 : "엉엉"
어머니 : "삵쾡이 가 왔어 요!"
아이 : "엉엉"
어머니 : "이봐, 크나큰 뱀 이 왔어."
아이 : "엉엉"

호랑이 : "상당히 센 아이구나!"

　　　　"삵괭이 도 뱀 도 무서워하

　　　　지않다니!"

어머니 : "저봐! 크나큰 호랑이 가

　　　　창밖 에 와있네!"

아이 : "엉엉"

호랑이 : "내 가 여기 에 온 것 을

　　　　엄마 는 어떻게 알고 있

　　　　을까?

　　　　아이 는 아직 울고 있네?

　　　　여기 에 있는 내 가

　　　　무섭지 않을 까?"

아이 : "엉엉"

어머니 : "자! 곶감"
호랑이 : "어라! 울음을 멈췄 네?
　　　　　곶감 이 란 뭘까?
　　　　　분명 삵쾡이 보다 도
　　　　　나 보다 도 강한 녀석 이
　　　　　틀림 없어. 잡히면 큰일이
　　　　　다!"

호랑이 는 도망쳐 버렸습니다.

끝.

다이쇼 12년(1923) 9월 1일 인쇄
다이쇼 12년(1923) 9월 3일 발행　　　　　　정가 금13전

조선총독부

조선서적인쇄주식회사

大正十二年九月一日翻刻印刷
大正十二年九月三日翻刻發行

普國一

定價金十三錢

著作權所有

著作兼發行者　朝鮮總督府
京城府元町三丁目一番地

翻刻發行兼印刷者　朝鮮書籍印刷株式會社
代表者　伊東猛雄
京城府元町三丁目一番地

發行所　朝鮮書籍印刷株式會社

本書は朝鮮總督府著作教科書を複製したものです。

조선총독부 편찬 (1923~1924)

『普通學校國語讀本』

第二期 한글번역 卷2

1학년 2학기

普通
學校
國語讀本
卷二

조선총독부 편찬(1923~1924)
『普通學校 國語讀本』 第二期 한글번역 卷2

목록

ン	ワ	ラ	ヤ	マ	ハ	ナ	タ	サ	カ	ア
	(ヰ)	リ	イ	ミ	ヒ	ニ	チ	シ	キ	イ
	ウ	ル	ユ	ム	フ	ヌ	ツ	ス	ク	ウ
	(ヱ)	レ	エ	メ	ヘ	ネ	テ	セ	ケ	エ
	ヲ	ロ	ヨ	モ	ホ	ノ	ト	ソ	コ	オ

パ	バ	ダ	ザ	ガ
ピ	ビ	ヂ	ジ	ギ
プ	ブ	ヅ	ズ	グ
ペ	ベ	デ	ゼ	ゲ
ポ	ボ	ド	ゾ	ゴ

1 운동회

지금 1학년 달리기입니다.

"준비!"

"하나 둘 셋"

야! 달리기 시작했어!

빠르다 빨라!

"홍군! 이겨라."
"백군! 이겨라."
일등, 이등, 삼등
기분 좋겠네!

2 동물원

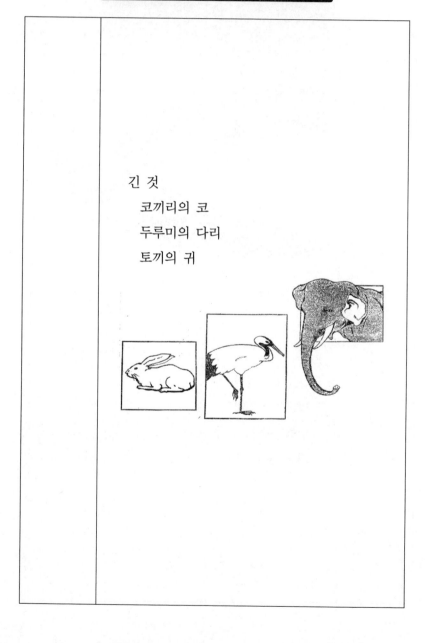

긴 것

코끼리의 코

두루미의 다리

토끼의 귀

짧은 것
　오리의 다리
　노루의 꼬리
　멧돼지의 목

빨간 것
　원숭이 얼굴

아름다운 것
　공작의 날개

귀여운 것
　비둘기의 다리

무서운 것
　호랑이의 눈

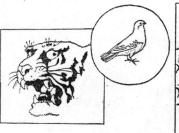

3 기차

上(ue)

기적이 울렸습니다.
기차가 철교 위를
지나갑니다.
덜커덩 덜커덩

| 人(hito) | 뇌성 같은 소리가
납니다.
긴 기차입니다.
사람이 많이 타고 있습니다. |

4 벼

하늘이 아주 청명하고
시원한 바람이
불고 있습니다.
벼는 완전히 노래졌습니다.
벌써 벼 베기를
시작한 곳도 있습니다.
지금부터는 가을걷이로
점점 바빠집니다.

5 딱따구리

딱따구리는 따다닥 따다닥 하고
나무를 쪼고 돌아다닙니다.
그렇게 나무속에 있는
벌레를 잡아먹습니다.

木(ki)
中(naka)

見(mi)	딱따구리는 수직으로 나무에 앉습니다. 그래서 나무 쪼는 소리는 들려와도 모습은 좀처럼 보이지 않습니다. 사람을 보면 바로 도망갑니다.

6 비행기

又(mata)

누나가 종이로 비행기를 접어 주었습니다.
날려보니, 공중제비를 하였습니다.
다시 날렸더니, 담을 넘어 날아 갔습니다.
종이접기를 배워 봅시다.

7 고양이

거울 앞에 고양이가 왔습니다.
자기 얼굴이 거울에 비친 것을 보고
무서운 얼굴을 했습니다.
거울의 얼굴도 무서운 얼굴을 했습니다.
고양이는 등을 둥글게 하고
이빨을 드러냈습니다.
거울의 고양이도 등을 둥글게 하고
이빨을 드러냈습니다.
잠시 서로 노려보았으나
도망 가 버렸습니다.

8 달

누나! 나와 보세요.

달이 뜨기 시작했습니다.

소나무 가지사이가 점점 밝아집니다.

이젠 완전히 나무 위로 솟았습니다.

주위가 밝아져서 한낮 같습니다.

이쪽의 어두운 숲속에 보이는 것은

어느 집의 불빛일까요?

月(tsuki)

9 밤 줍기

私(watashi)

알밤이 떨어지게 되었습니다.

나는 매일 아침 일찍 일어나서 주우러 갑니다.

항상 많이 주워 옵니다.

학교에서 돌아와서도 주우러 갑니다.

밤 줍기는 나의 제일 즐거운 일입니다.

밤은 구워 먹으면 맛있습니다.

10 아기 다람쥐

子(ko)

알밤이 떨어졌다.
저기 아기 다람쥐 봐!
쪼르르 달려가 주웠다.
알밤은 참 맛나다!
아기 다람쥐! 쫑긋 서서
오물오물 맛있게 먹었다.
바람이 분다! 바스락 바스락!
도망치네! 아기 다람쥐!
엄마 다람쥐 가슴에 달라붙었네!

11 체조놀이

左(hidari)
右(migi)

체조놀이를 하며 놀지 않으련?

"차렷!"

"앞으로 나란히!"

"바로!"

"앞으로 갓!"

"좌로! 우로! 좌로! 우로!"

"달려 갓!"

"좌로! 우로! 좌로! 우로!"

"전체 멈춰!"

"쉬어!"

"이번에는 누가 선생님이 될거야?"

12 도토리

낙엽을 헤치고, 도토리를 많이 주워 왔습니다.

굴대를 넣어서 팽이를 만듭시다.

흙속에 묻어 두어, 귀여운 싹을 티웁시다.

入(i)

土(tsuchi)

13 돼지

川(kawa)
大(ou)

돼지 열두 마리가 강을 건너게 되었습니다.

모두 건너서 제일 큰 돼지가 수를 헤아려 보았습니다.

몇 번이나 헤아려 봐도 열한 마리밖에 없습니다.

큰 돼지는 한 마리 부족하다고 생각하여 큰 소란을 피웠습니다.

14 경찰 아저씨

日(hi)
年(toshi)

장날은 날씨가 좋았습니다.

저자거리는 사람으로 붐볐습니다.

미아가 울면서 거리를 헤메고 있었습니다.

나이는 다섯 살 정도였습니다.

경찰 아저씨가 여러 가지 물어봅니다만, 울기만 할뿐 아무 대답도 하지 않습니다.

경찰 아저씨는 그 아이를 끌어안고 이곳저곳 물어보며 돌아다녔습니다.

15 아침

오늘 아침은 바람이 불어서 상당히 춥습니다.

"학교 가자!"

밖에서 옥순의 소리가 들렸습니다.

나는 바로 나갔습니다.

"춥구나!"

"정말로 춥구나! 달려가자!"

둘이서 달리기 시작했습니다.

학교에 도착했을 때는, 얼굴이 달아서 이마가 땀에 젖어 있었습니다.

16 곳간의 쥐

곳간의 생쥐가 어미 쥐에게,

"엄마! 쌀은 그렇게 맛있지는 않군요."

라고 말했습니다. 엄마 쥐는,

"호강에 젖은 말을 하면 벌 받아요!"

라고 꾸짖었습니다. 그리고

"쌀 곳간에 살면서, 쌀이 고마운지를 모르는 녀석은 참 곤란해!"

라고 혼잣말을 했습니다.

二人(hutari)

米(kome)

17 설날

설날에는 즐거운 일이 많이 있습니다.

정월 초하룻날 아침 일찍 일어나

예쁜 옷을 입는 것은 기분 좋습니다.

모두 모여서 조상님께 제사를 모시고 나서, 맛

있는 음식을 먹는 것도 즐겁습니다.

손님이 연이어 오시는 것이나, 여러 가지 놀이

를 하는 것도 재미있습니다.

正月
(syougatsu)

18 그림자 놀이

 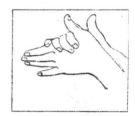

犬(inu)
口(kuchi)

"아저씨! 오늘밤도 또 그림자 놀이를 해 주세요."
"그럼 장지문 맞은 편에 앉으세요.
자! 개예요! 큰 입을 벌리고 멍멍! 이번에는 여우
예요! 킁킁! 귀를 봐! 이것은 솔개! 부리를 보세요."

 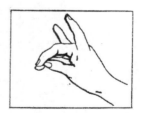

 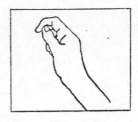

耳(mimi)
竹(take)

"아저씨! 어서 뱃사공을 보여주세요."

"응! 이것은 뱃사공! 긴 삿대로 배를 젓습니다. 지금부터 손가락 쥐는 법을 가르쳐 줄테니, 모두 해 보도록 하세요."

 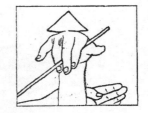

19 눈(雪)

"눈이 많이 쌓였네!"
라고 어머니가 말씀하셔서, 벌떡 일어났습니다.
창문을 열어보니, 온 세상이 새하얗습니다.
오늘 학교에 가서, 눈싸움도 하고 눈사람을 만
들기도 하면, 얼마나 재미있겠어요? 어서 밥을 먹
고 나가야겠네!

루(haya)

20 널뛰기

山(yama)

널뛰기 뛰자!
빨간 옷이 올라간다.
노란 옷이 내려간다.

널뛰기 뛰자!
노란 옷이 올라간다.
빨간 옷이 내려간다.

널뛰기 뛰자!
집도 산도 햇님도
올라간다! 내려간다!

21 연

연이 여러 개 날고 있습니다.
어 어! 점점 내려오고 있어요.
연줄을 풀어주고 있나보죠?
어 어! 갑자기 올라가고 있어요.
연줄을 감고 있는 것이겠죠?
어 어! 휠 휠 멀리 멀리 날아가네요!
연줄이 끊어졌겠죠?

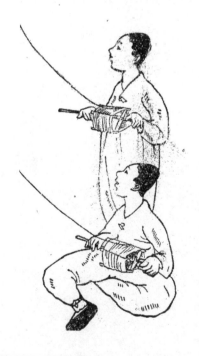

22 엄마소와 송아지

牛(ushi)
出(da)

우리 집에는 엄마소와 송아지가 있습니다.
송아지는 요전에 태어났습니다.
벌써 상당히 컸습니다.
그렇지만 아직 뿔은 나지 않았습니다.

언뜻하면 금방 놀라서 달립니다.
엄마소는 송아지를 대단히 귀여워합니다.
하루에 몇 번이고 핥아줍니다.
엄마소를 밖으로 끌고나오면
송아지도 따라 나옵니다.

잠시 동안은 떨어집니다만
바로 엄마소 있는 곳으로 돌아옵니다.
줄을 매지 않아도 다른 곳으로 가지 않습니다.

23 꿈

中(uchi)

"꿈을 꿨습니다."
"어떤 꿈이었습니까?"
"학을 타고 달님 계시는 곳에 갔습니다."
"그래서?"
"놀고 있는 사이에, 집으로 돌아오고 싶어졌습니다."

"그리고 어떻게 되었어요?"
"아무리 걷고 또 걸어도, 돌아올 수 없어서 울고 있으니까 어머니가 깨워주셨습니다."

24 새끼까치

學校 (gakkou)	나는 새끼까치를 키우고 있습니다. 내가 학교에 가있는 사이에는, 어머니가 모이를 주십니다. 그래서 나와 어머니를 잘 따릅니다. 어머니가 시장 보러 가실 때에는, 앞서거니 뒤 서거니 따라 갑니다. 어느 날 어머니가 장을 보면서 값을 치르고 계실 때에, 일 엔짜리 지폐를 잃어 버리셨습니다. 어머니는 계산을 끝내고나서 지폐를 찾으셨습 니다만 없었습니다. 아무리 찾으셔도 없었습니다. 하는 수 없어서 집으로 돌아 오셨습니다.

今(ima)

집에서는 까치가 일 엔짜리 지폐를 입에
물고 왔기 때문에 큰 소동이 났습니다.
"주운 것일까? 훔쳐온 것일까?
이상한 일이다."
라고 모두가 말했습니다.
　그러던 차에, 어머니가 돌아오셔서
　"어머나! 그것은 내가 조금전 가게에서 잃어버
린 것이에요. 길에서 아무리 찾아도 없었어요."
라고 말해서, 웃음바다가 되었습니다.

25 이(齒)

나는 요전에 이를 뽑았습니다.

처음에 이에 실을 걸어서, 빼려고

했습니다만, 살짝 당겼기 때문에, 빠지지 않았

습니다.

그러던 차에 어머니가 오셔서,

"뽑아 줄께!"

하고 말씀하셨습니다.

나는 기꺼이 입을 다물자,
"입 다물고 있으면 뽑을 수 없어!"
라고 하셔서, 입을 벌렸습니다. 그러자 어머니는
쑤욱 잡아 당기 셨습니다.
"아얏!"
하는 순간 벌써 빠졌습니다.

26 갓난아기

日(ka)	우리 집 갓난아기는 작년 7월 5일에 태어났습니다. 요즘엔 꽤 자랐습니다.  내가 손을 올리고, "컷네! 컷네!" 고 하면, 갓난아기도 손을 올립니다. 

手(te)	안으면 방긋 웃습니다. 너무 귀엽습니다. 　그러는 사이에 걷기시작하고 말 할 수 있게 된 다면, 얼마나 귀여울까요?

27 설탕가게 놀이

赤(aka)

김 : 설탕이요. 설탕! 자! 사러 오세요.

나 : 황설탕 주세요.

김 : 얼마나 드릴까요?

나 : 오전어치요.

김 : 항상 감사합니다.

白(shiro)	강 : 백설탕 주세요. 김 : 얼마나 드릴까요? 강 : 십전어치요. 김 : 언제나 감사합니다. 황설탕은 황토이고, 백설탕은 하얀 모래였습니다.

28 감사

本(hon)
字(zi)
年(nen)

나는 학교에 입학하고서 한 번도 병에 걸린 적이 없습니다.

건강해진 것이겠죠!

책을 읽을 수 있게 되었습니다.

글자도 쓸 수 있게 되었습니다.

어제 책을 읽고 있으니 아버지가,

"1년간 학교에 다니면 저렇게 읽을 수 있게 되구나! 감사한 일이다."

라고 기뻐하셨습니다.

저도 즐거웠습니다.

29 책상청소

生(sei)	나는 이제 곧 2학년이 됩니다. 2학년이 되면, 옆 교실로 옮깁(바뀝)니다. 이 교실에는 새로운 1학년생이 들어옵니다. 누가 이 책상으로 올까요? 깨끗이 청소를 해 두겠어요! 책상 속도, 책상 위도, 걸상도! 아! 깨끗해 졌습니다. 그러면 누가 와도 기분이 좋겠지요.

30 세 가지 보물

來(ki)	다리 위에 나이 든 스님이 쓰러져 있었습니다. 누더기가 된 옷을 입고, 몸은 대단히 야위었습니다. 거기에 젊은 사람이 와서, 스님에게 말했습니다. "어찌된 일입니까?" 스님은 힘든 듯이 대답했습니다. "몸이 지쳐서 더 걸을 수가 없습니다."

寺(tera)	그래서 젊은이는 스님의 손을 이끌고, 그 절에 데리고 갔습니다. 그리고는 땔나무를 하기도하고 밥을 짓기도 하여 잘 보살펴 드렸습니다. 　어느 날 스님은 젊은이를 불러서 　"대단히 신세겼습니다. 당신은 정말로 친절한 사람입니다. 그 답례로 이것을 드릴 테니 가지고 가십시오.

라고 말하고, 자리와 표주박과 젓가락을 주었습
니다.

젊은이는 그것을 받아서, 절을 나왔습니다.

들판의 한가운데 왔을 때, 날이 저물었습니다.
할 수 없어서, 그곳에서 자려고 생각하고 자리를
펴자, 그 자리는 깨끗한 이불로 변했습니다. 그리
고 어느 틈엔가 대궐 같은 으리으리한 집이 거기
에 생겼습니다.

出(de)	"어어라? 이게 어찌된 일이야?" 젊은이는 놀랐습니다. 그리고 이번에는 표주박을 옆으로 뉘어봤습니다. 그러자 안에서 맛있는 음식이 한없이 나왔습니다. "어어라?" 젊은이는 또다시 놀랐습니다

女(onna)	젓가락으로 달그락 달그락하고 소리를 내어 봤습니다. 그러자 아름다운 여자와 아이들이 나와서 그 음식을 날라 주었습니다. "어어라?" 젊은이는 거듭 놀랐습니다. 그리고서 젊은이는 거기서 지내면서 즐겁게 살았습니다. 끝

다이쇼 12년(1923) 9월 1일 인쇄
다이쇼 12년(1923) 9월 3일 발행　　　　　　　　정가 금13전

조선총독부

조선서적인쇄주식회사

大正十二年九月　一　日印　　刷
大正十二年九月　三　日發　　行
大正十二年九月十二日翻刻印刷
大正十二年九月十五日翻刻發行

普國二
13

定價金十四錢

著作權所有

著作兼
發行者

朝鮮總督府

翻刻發行
兼印刷者

京城府元町三丁目一番地

朝鮮書籍印刷株式會社

代表者　伊東猛雄

販賣所

京城府元町三丁目一番地

朝鮮書籍印刷株式會社

조선총독부 편찬 (1923~1924)

『普通學校國語讀本』

第二期 한글번역 卷3

2학년 1학기

普通
學校
國語讀本
卷三

조선총독부 편찬(1923~1924)
『普通學校 國語讀本』 第二期 한글번역 卷3

목록

ア	イ	ウ	エ	オ
カ	キ	ク	ケ	コ
サ	シ	ス	セ	ソ
タ	チ	ツ	テ	ト
ナ	ニ	ヌ	ネ	ノ
ハ	ヒ	フ	ヘ	ホ
マ	ミ	ム	メ	モ
ヤ	イ	ユ	エ	ヨ
ラ	リ	ル	レ	ロ
ワ	(ヰ)	ウ	(ヱ)	ヲ
ン				

ガ	ギ	グ	ゲ	ゴ
ザ	ジ	ズ	ゼ	ゾ
ダ	ヂ	ヅ	デ	ド
バ	ビ	ブ	ベ	ボ
パ	ピ	プ	ペ	ポ

1 입학식

종이 울렸습니다.

나는 처음으로 2학년 줄에 서서 기뻤습니다.

그리고 입학식이 있었습니다. 선생님이

いもうと (imouto)	"1학년은 오늘부터 이 학교의 학생이 되었습니다. 훌쩍 훌쩍 울어서는 안됩니다. 2학년부터 위로는 많은 남동생이랑 여동생이 생겼습니다. 잘 놀아 주세요. 놀려서는 안 됩니다." 라고 말씀하셨습니다.

2 여동생과 함께

여동생은 이번에 학교에 들어갔습니다.

어머니께서

"여동생 돌보기는 네가 하는 거야."

라고 말씀하셨습니다. 매일 아침 책가방 싸기부터

신발 신는 것까지 모두 내가 돌봐 줍니다.

せわ(sewa)

まいあさ
(maiasa)

おそい(osoi)

　둘이서 일찍 집을 나서지만 여동생의 걸음이 느리기 때문에 꽤 시간이 걸립니다.

　요전에 길에서 개가 짖어 여동생이 울기 시작하였을 때에는 난처했습니다.

3 봄

たに(tani)

はなざかり
(hanazakari)

산 위에 올라서
봄을 보았네.
계곡에서 마을로
피는 꽃들은
진달래 벚꽃에
복숭아꽃 살구꽃
봄은 아름다워
꽃들의 잔치

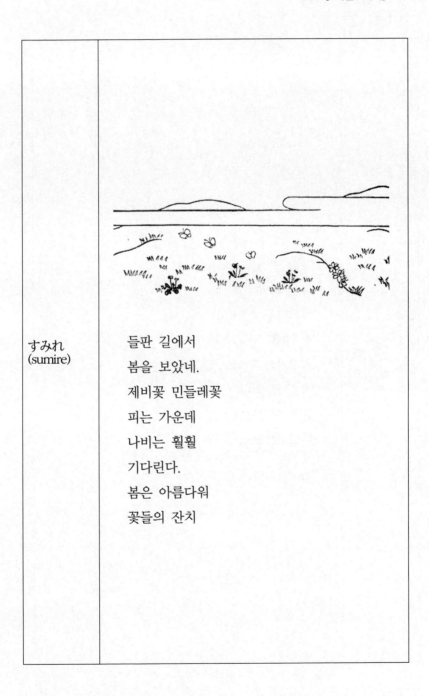

すみれ
(sumire)

들판 길에서
봄을 보았네.
제비꽃 민들레꽃
피는 가운데
나비는 훨훨
기다린다.
봄은 아름다워
꽃들의 잔치

다리 위에서
봄을 보았네.
버드나무 꽃이
진 것을
물고기는 먹이로 알고
떠 오르네.
봄은 아름답네
무얼 보아도

4 개울

土(do) ながれて (nagarete)	개울물이 조용히 흐르고 있습니다. 　제방에는 제비꽃이랑 민들레가 만발해 있습니다. 개울은 여기저기서 조그마한 소용돌이를 일으키며 흘러갑니다. 　어디에선가 복숭아 꽃잎이 날아와서 물 위에 떨어졌습니다. 개울은 꽃잎을 띄우고 흘러 갑니다.

다리 위에서 아이가 돌을 던졌습니다. 꽃잎은 놀란 듯이 물가 쪽으로 다가갔습니다.

이윽고 개울은 원래대로 조용해졌습니다. 꽃잎은 다리 밑을 지나 흘러갑니다.

きし(kishi)

5 포플라 피리

정동이가 포플라 피리를 갖고 있습니다. 두꺼운 것, 가는 것, 긴 것, 짧은 것 등 여러 가지 있습니다. 모두 소리가 다릅니다. 손바닥을 둥글게 하여 그 안에 피리를 넣어 불면 울림이 달라 재미있습니다.

따뜻한 봄날에 산 위나 들판이나 꽃밭에서 정동이가 부는 피리 소리를 들으면 기분이 좋습니다. 정동이가 피리를 불면 친구들은 입을 모아 노래합니다.

ぽぷら
(popura)

ふえ(hue)

ひびき
(hibiki)

| むずかしい
(muzukashii) | 언제인가 정동이가
"피리는 금새 만들 수 있지만 부는 것은 꽤나 어려워."
라고 했습니다. |

6 단짝 옥순이

つくえ (tsukue)	1학년 때 내 책상은 옥순이의 앞이었습니다. 줄을 설 때도 앉아 있을 때도 항상 옆에 있었으므로 친해졌습니다. 　언제인가 내가 　"2학년이 되어도 책상은 같은 자리가 될까?" 라고 했더니 옥순이는

このごろ
(konogoro)

しんぱいです
(shinpaidesu)

"글쎄. 같은 자리라면 좋겠지만 아마 떨어지겠지."

라고 했습니다. 2학년이 되어 보니 옥순이의 책상은 내 앞이 되어 있었습니다. 나는 기뻐서 어쩔 줄 몰랐습니다.

요즈음은 옥순이가 감기에 걸려서 학교를 결석하고 있어서 나는 걱정입니다.

7 빨간 닭

　　조그맣고 빨간 닭이 볍씨를 한 톨 물고 왔습니다.

　　닭 "이 씨앗을 누가 뿌리겠습니까?"

　　고양이 "저는 싫습니다."

　　개 "저는 싫습니다."

　　닭 "그러면 제가 뿌리지요."

　　닭 "이 벼를 누가 베겠습니까?"

小(chii)　　고양이 "저는 싫습니다."

を(o)　　개 "저는 싫습니다."

ぶ(bu)　　닭 "그러면 제가 베지요."

だ(da)

や(ya)

べ(be)

닭 "이 쌀로 누가 밥을 짓겠습니까?"
고양이 "저는 싫습니다."
개 "저는 싫습니다."
닭 "그러면 제가 짓겠습니다."

8 병아리

日(nichi) め(me) ど(do) へ(he) 下(shita) 水(mizu) よ(yo)	2, 3일 전부터 암탉이 둥지에 자리 잡았습니다. 오늘 아침 어머니가 달걀을 넣어 주셨습니다. 암탉은 이상한 소리를 내고 있었는데 보고 있자니 달걀을 배 밑에 품어 버렸습니다. 　먹이나 물을 주어도 돌아다보지도 않고 계란을 품고 있습니다. 　어머니에게 　"언제 병아리가 나옵니까?" 라고 물으니

二十日 (hatsuka) る(ru) 行(i) ぴ(pi)	"20일 정도 지나면 나온다. 라고 말씀하셨습니다. 어느 날 아침 어머니가 "병아리가 부화되었다." 라고 말씀하셔서 보러 갔더니 어미닭의 가슴 쪽에서 병아리가 조그만 머리를 내밀고

羽(ha)

삐약 삐약 울고 있었습니다. 날개 밑에도 두세 마리 있는 것 같았습니다.

병아리가 울면 어미닭은 이야기라도 하는 듯이 꼬꼬꼬꼬 하였습니다.

ほ(ho) ち(chi)	2, 3일 지나자 어미닭은 병아리를 마당으로 데리고 나왔습니다. 병아리들은 모두 열 마리입니다. 병아리들은 가느다란 다리로 아장아장 걷습니다. 먹을 것이라도 찾는 지, 노란 부리로 가끔씩 땅바닥을 쫓습니다. 채소 잎이나 싸라기를 주면 병아리들은

來(ku)

　모두 다가와서 먹습니다. 어미닭은 아무것도 먹지 않고 꼬 꼬 꼬 하면서 그 주변을 돌면서 지킵니다.
　고양이라도 옆에 오면 어미닭은 화를 내며 털을 곤두세웁니다.
　나는 학교에서 돌아와 병아리들을 보는 것이 즐겁습니다.

9 송충이

"정동아! 이 산을 보렴. 이대로 간다면 소나무는 모두 말라 버릴 것이다."

"왜 그렇습니까?"

"송충이가 붙어서 잎을 저렇게 먹어 치운다.

松(matsu)

ぜ(ze)

毛虫
(kemushi)

百(byaku)	이 산의 소나무는 심은 지 벌써 10여년이 되는데 아깝구나." "송충이를 잡을 수는 없습니까?" "잡으면 좋지만 워낙 숫자가 많아서 손을 쓸 수 없단다. 조그만 나무에도 4, 50 마리, 큰 나무에는 2, 300 마리나 있을거야." "그렇지만 잡지 않고 놔 두면 더욱 마르겠지요. 한 마리라도 잡으면 좋지 않겠습니까?"

力(chikara) 毎(mai)	"그래. 정말로 좋은 말을 하는구나. 한 마리라도 잡으면 그만큼 소나무가 살아남게 된다." 　정동이는 아버지와 힘을 합쳐 송충이 퇴치를 시작하였습니다. 매일 학교에서 돌아오면 장대를 꺼내서 소나무 가지를 털었습니다. 그리하여 떨어지는 송충이를 모두 죽였습니다.

10 꽃향기

옛날 신라의 공주 중에 덕만이라는 분이 있었습니다. 매우 현명하고 또한 마음씨가 예쁜 분이었습니다.

王女(oujyo)
心(kokoro)
美(utsuku)

어느 날 당나라 천자(天子)로부터 덕만의 아버님께 멋진 모란꽃 그림과 모란 씨가 도착하였습니다.

아버님은 매우 기뻐하시며 즉시 덕만을 불러 그 그림을 보여 주셨습니다.

덕만은

"오 예쁜 꽃이구나!"

라 하며 바라보고 계시다가, 잠시 뒤

ぼ(bo)
花(hana)
ば(ba)

"아버님 이 꽃은 아름답습니다만 아쉽게도 좋은
향기가 없습니다."
라고 말씀하셨습니다. 아버님은
"그것을 어떻게 아느냐?"
라 물으시자
"이렇게 예쁘게 피어 있는 꽃에 벌도 나비도 없
습니다. 이 꽃에는 벌레가 좋아서 찾아올 것 같은
아름다운 향기가 없는 것이겠지요."
라고 대답하셨습니다.
　그 씨앗을 심어 보니 꽃은 멋지게 피었습니다만
좋은 향기는 없었습니다.

11 개미 집

나는 개미에게 집을 만들게 했습니다. 입이 큰 병에 흙을 7, 8할 정도 채웠습니다. 그리고 그 위에 설탕을 조금 뿌렸습니다. 그것을 개미가 있는 곳에 놔 두었더니 곧 병 속에 개미가 많이 모여 들었습니다.

少(suko)
所(tokoro)

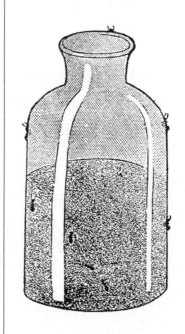

ゆ(yu)
じ(zi)

　나는 발이 거친 천으로 병 입을 막아 끈으로 단단하게 묶었습니다. 개미는 깜짝 놀라 나오려고 하였습니다만 아무리 해도 나올 수가 없어서 병 속에 집을 짓기 시작하였습니다.
　개미는 일을 잘 하는 벌레입니다. 한가운데부터 파 들어가는 것도 있고 병을 따라서 파 들어가는 개미도 있었습니다.

穴(ana)	구멍이 무너져 동료들이 파묻히면 그것을 도우려고 모두 고생을 하였습니다. 다음 날 아침 보았더니 집이 완성되어 있었습니다. 집은 어느 구멍으로 들어가도 어디로든지 나올 수 있도록 되어 있었습니다.

12 종달새

高(taka)

지지배배 지지배배
지지배배 지지배배.
"누나, 종달새가 지저귀고 있네요."
"저것 보세요. 높디 높은 곳에서 두 마리 세 마
리 네 마리 저렇게 울고 있어요."

"누나, 보세요 저기서도 날았습니다. 어어! 울기 시작하였습니다."

지지배배 지지배배

지지배배 지지배배.

"어머나 어머나 저렇게 높이 산 위로 날아가 버렸습니다. 점점 작아지지만 소리는 확실히 들립니다."

畠(batake) 鳥(tori)	"누나, 종달새는 어디에 집을 짓습니까?" "보리밭이나 들판 등에 집을 지어 새끼를 키운단다." 지지배배 지지배배 지지배배 지지배배. "종달새는 잘 지저귀는 새이군요." "그렇단다. 해가 뜨기 전에도 해가 지고 나서도 지저귄단다."

13 수수께끼

げ(ge)
石(ishi)
火(hi)
足(ashi)

1. 고개 셋 넘으면 있는 하얀 돌은 무엇입니까?
2. 이 산 저 산의 소나무를 다 먹어 치우는 검은 소는 무엇입니까?
3. 앞 산에서는 불이 활활, 뒷 구멍에서는 연기가 자욱한 것은 무엇입니까?
4. 처음에는 네 다리로 걷고 그 다음에는 두 다리로 걷고 마지막에는 세 다리로 걷는 것은 무엇입니까?
5. 검은 것이든 하얀 것이든 빨간 것이든 모두 검게 보이는 것은 무엇입니까?

14 민들레 씨

민들레 씨를 불면 둥실 둥실 멀리 날아 갑니다.
민들레는 이렇게 퍼져 나갑니다.

遠(too)

ぞ(zo) 根(ne)	정동이는 민들레 꽃 한 송이에 싹을 틔울 힘이 있는 씨앗이 얼마나 맺는 지를 시험해 보았습니다. 화분에 흙을 담고 그 위에 꽃 한 송이에 열린 씨앗을 모두 뿌리고 흙을 엷게 덮어 두었습니다. 　한달 남짓 지나 보니까 싹이 많이 나와 있었습니다. 정동이는 기뻐서 흙을 물로 깨끗이 씻어서 싹과 뿌리가 난 것을 세어 보니 74개였습니다. 　정동이는 민들레가 불어나는 힘이 강한 사실에 놀랐습니다.

15 두꺼비

昨日(kinou) ペ(pe) 空(sora) 方(hou) 目(me)	집 뒤에 커다란 구멍이 있습니다. 어제 가 보니 그 속에 커다란 두꺼비가 있었습니다. 나는 메뚜기를 잡아 그 코 앞에 놓았습니다만 두꺼비는 쳐다보지도 않았습니다. 그런데 고양이가 와서 구멍 안에 넣어 주었더니 고양이는 깜짝 놀라 도망갔습니다. 또 페스라는 옆집 개가 와서 나는 페스를 불러 그 두꺼비를 보여 주었습니다. 그러자 페스도 잠시 쳐다 보더니 기분 나쁘다는 듯이 가 버렸습니다. 두꺼비는 조금도 움직이지 않고 하늘 쪽을 보고 눈을 깜박거리고 있었습니다.

16 아기 참새

어미 참새와 아기 참새가 마당에서 놀고 있었습
니다.

내가 옆에 다가가자 어미 참새는 날아갔지만 아
기 참새는 꼼짝 않고 있었습니다.

내가 손을 뻗어도 도망가려고 하지 않아서 손바닥에 올려 보자 주위를 둘러보면서 부들부들 떨고 있었습니다.

쌀을 주어도 먹지 않았습니다. 벌레를 주어도 먹지 않았습니다. 나는 불쌍하여 어쩔 수 없어서 원래의 장소에 놓아 주었습니다. 그러자 어미 참새가 다가왔습니다. 그래서 나는 안심하였습니다.

17 비행기

오늘 아침 비행기가 세 대 날아갔습니다.

프로펠러 소리가 멀리까지 들려서 뛰어나가 보니 세 대 모두 작게 보였습니다.

보고 있는 사이에 점점 커졌습니다.

내 머리 위에 왔을 때에는 저렇게 커다란 물체가 잘도 나는구나라 생각하였습니다.

頭(atama)
物(mono)
思(omo)

上(aga)

한 대는 크게 원을 그리며 돌았습니다.

한 대는 공중 회전을 하였습니다. 한 대는 점점 높이 올라갔습니다.

그러는 사이에 세 대 모두 먼 곳으로 날아가서 마침내 보이지 않게 되었습니다.

18 빨간 구슬

밭의 커다란 빨간 구슬
울타리의 조그만 빨간 구슬
그것을 나는 기다리고 있었다.

딸기의 커다란 빨간 구슬
앵두의 조그만 빨간 구슬
그것을 나는 기다리고 있었다.

玉(tama)

딸기 꽃은 새하얗다.
앵두 꽃은 옅은 복숭아색이다.
꽃이 활짝 핀 그 날부터
나는 오늘을 기다리고 있었다.

色(iro)
今日(kyou)

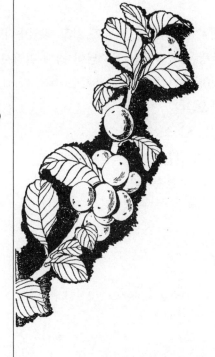

19 거북의 심부름

海(umi) 一人(hitori) ぎ(gi) 申(mou)	옛날 바다 속에 용왕이 살고 있었습니다. 용왕은 외동딸인 공주님이 병에 걸리셔서 매우 걱정하셨습니다. 여러 가지로 손을 써 봐도 낫지 않았습니다. 어느 날 의사가 "토끼 간을 드시면 낫습니다." 라고 하였습니다.

ぐ(gu)
上(a)
靑(ao)

용왕은 이 말을 듣고서 매우 기뻐하셨지만 토끼는 바다 속에는 없습니다. 그래서 거북이가 토끼 간을 구하러 가게 되었습니다.

거북은 물을 건너고 파도를 헤쳐 마침내 언덕에 도착하였습니다. 그러자 마침 거기에 토끼가 있었습니다. 거북은 다가가서

"오오! 토끼님, 나는 그대를 맞이하러 왔습니다. 좋은 곳에 데려 가 주겠습니다. 숲은 푸르디 푸르게 우거지고 물은 아주 맑습니다. 게다가 맛있는 과일이 많이 있습니다."

라고 하였습니다.

取(to)

토끼는 기뻐서 거북이의 등을 타고 떠났습니다.
잠시 지나고 나서 거북은 공주님이 병환 중이므
로 토끼 간을 꺼내서 약으로 쓴다고 말했습니다.

토끼는 이 말을 듣고 깜짝 놀랐습니다. 그러나 영리한 토끼는 바로 이렇게 말했습니다.

"간이 필요하면 언제라도 드리겠습니다만, 지금은 갖고 있지 않습니다."

"어찌 된 일이냐?"

"배가 안 좋아서 간을 꺼내 바위 위에 말려 놓았습니다. 공주님에게 드리려면 돌아가서 가져 오지요."

| 草(kusa)
下(o)
生(i) | 거북과 토끼는 다시 언덕으로 가게 되었습니다. 언덕에 도착하자 토끼는 바로 거북의 등에서 뛰어내려 풀 속으로 숨어 버렸습니다. 그리고 "네가 나를 속이려고 하였으므로 나도 너를 속인 것이다. 간이 없이 살 수 있단 말인가?" 라 하였습니다. |

20 파리

초 여름이 되면 파리가 많이 나타납니다.

파리는 귀찮은 벌레입니다. 얼굴에도 손에도 다리에도 어디라도 앉습니다. 그렇게 사방을 핥고 돌아다닙니다.

파리는 더러운 벌레입니다. 아무리 더러운 곳에도 있습니다.

변소 안에서도 쓰레기통 안에서도 아무렇지 않게 걸어 다닙니다.

파리는 무서운 벌레입니다. 더러운 곳을 걸어다닌 채 음식 위에 앉습니다. 우리들은 그 더러운 것을 모르고 먹고서 못된 병에 걸리는 경우가 있습니다.

21 석양

석양이 되었습니다.

까마귀는 산으로 돌아갔습니다. 논에서는 개구
리가 시끄럽게 울고 있습니다. 건너편 산에는 막
을 친 것처럼 연무가 끼어 있습니다.

夕方
(yuugata)

田(ta)

家(ie) 風(kaze)	멀리 있는 집에 불이 켜졌습니다. 사람을 부르는 소리가 들립니다. 　푸릇푸릇한 논을 스쳐 가는 저녁 바람이 기분 좋게 솔솔 불고 있습니다.

22 쉰한 살 할아버지

村(mura) 水車 (mizuguruma) 車(guruma)	마을 외곽에 물레방아간이 있습니다. 마을 사람들은 쉰한 살 방아라고 부르고 있습니다. 쉰한 살 할아버지가 그 물레방아간을 지키고 있기 때문입니다. 　쉰한 살 할아버지는 재미있는 할아버지입니다. 　"까마귀가 울지 않는 날은 있어도 쉰한 살 할아버지가 노래 부르지 않는 날은 없다." 라고 마을 사람들이 말할 정도로 항상 기분 좋게 노래를 부르는 할아버지입니다.

長(naga)
ぬ(nu)
道(michi)

긴 윗도리에 짧은 바지를 입고 쌀겨 투성이가 되어 일하는 할아버지입니다.

주욱주욱 떨어지는 물 소리, 콩콩 울리는 절굿공이의 소리, 그 분주함 속에서

"일하세요 빈틈없이

어깨의 멜빵이 끊어질 정도로."

쉰한 살 할아버지의 노래 부르는 소리가 들립니다.

언제인가 우리 아버지가 길에서

"항상 건강하시네요."
라고 하시니까 쉰한 살 할아버지는
"이젠 완전히 약해져서."
라며 큰 손으로 머리를 긁적였습니다.
　쉰한 살 할아버지는 금년에 69살이랍니다.

23 세 아이

人(nin)
神(kami)
出(i)
郎(rou)

　세 아이가 나무그늘에서 놀고 있었습니다. 거기에 신(神)이 나타나셨습니다. 그리하여
　"어떤 소원이라도 있으면 들어 주겠다. 말해 보렴."
이라고 말씀하셨습니다.
　세 명은 기뻐하였습니다. 이치로는
　"맛있는 과자를 아무리 먹어도

없어지지 않을 만큼 받고 싶습니다.”
“쉬운 소원이다. 들어 주겠다.”
　신은 이렇게 말하고 이치로의 머리를 쓰다듬으
시자 이치로는

二(ji)

잠이 들어 버렸습니다.
지로는
"귀한 장난감을 많이 갖고 싶습니다."

三郞(saburou) 先(sen)	"쉬운 소원이다. 들어 주겠다." 라 하면서 신은 지로의 머리를 쓰다듬으시자 지로 는 잠이 들어 버렸습니다. 　사부로는 "선생님께 배우는 것을 완전히 알게 되길 바랍 니다." "훌륭한 소원이다. 들어 주겠다."

신이 이렇게 말하고 사부로의 머리를 쓰다듬으
시자 사부로는 잠이 들어 버렸습니다.

그러는 중에 이치로가 괴로워하기 시작하였습
니다. 신이 어깨를 쓰다듬으시자 이치로는 잠을
깨서

"신이시여! 이제 이제는 과자는 싫습니다.

처음에는 맛있었습니다만 점점 맛없어져 마침
내 싫증이 났습니다. 게다가 배가 아파졌습니다."
라고 하였습니다.

그러는 중에 지로가 괴로워하기 시작하였습니
다. 신이 어깨를 쓰다듬으시자 지로는 잠을 깨서

何(nani) 下(kuda)	"신이시여! 이제는 장난감은 질렸습니다. 아무리 귀한 것을 모아도 재미있지 않습니다." 라 하였습니다. 사부로는 잠자면서 방긋 방긋 웃고 있었습니다. 신이 깨워 물으시자 "선생님께 배우는 것이 어느 하나 모르는 것이 없으므로 기뻐 어쩔 줄 모르겠습니다. 신이시여! 부디 언제까지나 이처럼 되게 해 주세요." 라 하였습니다.

24 무지개

雨(ame)
葉(ha)
東(higashi)
河(kawa)

　소나기가 쏴하고 내리더니 해가 다시 비치기 시작하였습니다. 비에 젖은 초목들의 잎이 반짝 반짝 빛나고 있습니다.
　동쪽 하늘에 무지개가 떴습니다. 산기슭에서 논과 큰 강을 건너 숲 쪽으로 다리처럼 걸려 있습니다.

정말로 예쁜 무지개입니다. 일곱 가지 색깔이 확실히 나타나 있습니다. 빨강 주황 노랑 초록 파랑 남색 보라. 저 예쁜 색이 어떻게 나왔을까요?

가장 높은 곳부터 사라지기 시작하였습니다.

점점 사라져 갑니다.

아아, 완전히 사라져 버렸습니다.

25 봉선화

　봉선화가 새빨갛게 피어 있습니다.

　땅에 떨어진 꽃잎은 빨간 그림 물감을 뿌린 듯합니다.

　언니와 나는 빛깔 좋은 꽃잎을 많이 따 왔습니다.

紙(kami) 爪(tsume) 朝(asa)	그것을 한 잎 한 잎 손바닥으로 비벼서 종이 위에 펼쳤습니다. 　언니는 그 꽃잎을 내 손톱위에 얹어서 그 위에 붕대를 감아 주었습니다. 언니 손톱에도 똑같이 하셨습니다. 　내일 아침이 되면 얼마나 예쁘게 물들어 있을까요?

26 여름방학

夏休
(natsuyasumi)

記(ki)

書(ka)

여름방학이 되면 무엇을 할까요?

아침에는 일찍 일어나고 밤에는 일찍 잡시다.

아침 시원한 때에 복습을 하고 운동을 합시다.

매미를 잡고 잠자리를 잡고 물고기 낚시도 하고 헤엄도 칩시다.

아버지가 여행을 가시면 따라갑시다.

여름방학에 했던 일들은 모두 일기에 적어 선생님에게 보여 드립시다.

27 검둥이

黑(kuro)	오늘 아침 학교에 가 보니 모두에게 "검둥이 검둥이." 라며 놀림 받고 있는 사람이 있었습니다. 누구인가 했더니 복동 군이었습니다. 이렇게도 많이 검어지는 것이로구나라고 할 정도였습니다. 눈과 이만 하얗게 보였습니다.

町(chou) ;약 109m	선생님이 "복동이는 1km 남짓의 수영에 합격하였습니다. 그 증명서가 이 검은 색입니다. 복동이의 이 팔과 가슴을 보세요. 하얀 얼굴이 어찌 아름다운 것이 겠습니까?" 라며 복동 군의 머리를 쓰다듬고 계셨습니다. 복동 군은 그냥 방긋방긋 웃고 있었습니다.

28 우편 배달부

持(mo)

우편배달부가 후다닥 달려옵니다. 어깨에 큰 가방을 메고 손에 엽서와 편지 봉투를 많이 들고 있습니다.

해는 쨍쨍 내리쬡니다.

　　우편배달부는 이마의 땀을 닦으면서 편지를 배
달하며 걷습니다.
　　우편배달부는 후다닥 멈춰 섰습니다.
　　"좀 여쭤 보겠습니다. 이재구씨 댁은 어딥니까?"
　　"이재구 씨는 이창용 씨 아들입니다."
　　"아아 그렇습니까? 정말 감사합니다."
　　우편배달부는 다시 후다닥 뛰기 시작하였습니다.
　　"우편물입니다."
　　이재구 씨 집에 엽서를 던져 넣었습니다.

29 그림엽서

그림엽서가 왔다 형님에게서
멋있는 경치, 시원스런 경치
배를 젓고 있는 사람은 누구?
형님은 아닐까?

그림엽서가 왔다 형님에게서
기쁜 소식, 기다렸던 소식
선물 샀다고 써 있네.
돌아오실 날은 언제일까?

舟(hune)

30 의좋은 형제

兄(ani)
弟(otouto)
光(hika)

　의좋은 형과 동생은 서로 손을 잡고 강을 건너려고 하였습니다.
　강 중간쯤 왔을 때 물 바닥에 무언가 빛나는 것을 발견하였습니다.
　"무엇일까?"
　"무엇일까요?"

두 사람은 물끄러미 물 속을 보고 있었는데
"아아 구슬 구슬입니다. 형님 예쁜 구슬이 있습
니다."
라고 동생은 말했습니다.

형이 그것을 집어 보니 멋지고 진귀한 구슬이었습니다.

두 사람은 그것을 갖고 집으로 돌아 왔습니다. 그리고 상자 속에 넣어 두었습니다.

箱(hako)

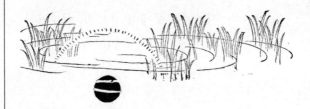

金(kin) 銀(gin)	어느 날 형이 그 상자를 열어 보았습니다. 그러자 이상하게도 상자 속에 금이나 은이 가득 채워져 있었습니다. 형은 놀라서 그 사실을 동생에게 이야기하였습니다. 　이번에는 동생이 상자 뚜껑을 열어 보았습니다. 상자 속에는 앞서와 마찬가지로 금이나 은이 가득 들어 있었습니다.

金(kane)	금이나 은은 뚜껑을 열 때마다 상자 안에 항상 채워져 있었습니다. 　형과 동생은 구슬을 주운 덕택에 곧 부자가 되었습니다. 　그래서 두 사람은 돈을 사이 좋게 나눠서 각자 자신의 집을 지어 살게 되었습니다.

돈은 나눠가져도 구슬은 하나이므로 나눌 수가 없습니다. 그래서 형은 동생에게

"구슬은 네가 맡아 주려므나."

동생은 형에게

"아니에요, 형님이 보관해 두세요."

라며 서로 양보하였습니다.

정직한 두 사람은 서로 구슬을 받으려고 하지 않습니다. 그래서 두 사람은 여러 가지로 생각한 끝에 구슬은 처음 주웠던 강 속에 놓고 오기로 하였습니다

형과 동생은 구슬을 갖고 강으로 갔습니다. 그리하여 처음 주운 장소에 그것을 놓아 두려고 하였습니다.

그러나 깜짝 놀랐습니다. 거기에는 갖고 온 구슬과 똑같은 구슬이 빛나고 있지 않겠습니까? 형과 동생은 구슬을 버리려다 또 하나의 구슬을 주웠습니다.

구슬이 두 개가 되어서 두 사람은 하나씩 갖기로 하였습니다.

그리하여 집은 점점 번창해 갔습니다.

끝

다이쇼 11년(1922) 12월 13일 인쇄
다이쇼 12년(1923) 5월 10일 번각발행   정가 금15전

조선총독부

조선서적인쇄주식회사

大正十一年十二月十三日印刷
大正十一年十二月十五日發行
大正十二年五月五日翻刻印刷
大正十二年五月十日翻刻發行

普國三

定價金十五錢

著作權所有

著作兼發行者

朝鮮總督府

京城府元町三丁目一番地

朝鮮書籍印刷株式會社

代表者

伊東猛雄

京城府元町三丁目一番地

朝鮮書籍印刷株式會社

府元町三丁目一番地

朝鮮書籍印刷株式會社

조선총독부 편찬 (1923~1924)

『普通學校國語讀本』

第二期 한글번역 卷4

2학년 2학기

普通學校國語讀本

卷四

조선총독부 편찬(1923~1924)
『普通學校 國語讀本』第二期 한글번역 巻4

목록

1 아기 참새 세 마리

숲 속에 참새 집이 있었습니다. 그 속에 어미 참새가 두 마리 아기 참새가 세 마리 화목하게 살고 있었습니다.

森(mori)
羽(wa)
居(i)

忠(chyuu)
太(ta)

어느 날 아기 참새가 어미 참새를 향해서

"우리들은 어느 때가 되면 날 수 있을까요? 옆집의 주타로 씨나 노리코 씨들은 벌써 저렇게 날 수 있는데 말이죠."

라고 부러운 듯이 말했습니다. 어미 참새는 그저

"곧 날 수 있어!"

라 말할 뿐이었습니다.

秋(aki)
番(ban)
屋(ya)

　그리고 나서 얼마 후 어미 참새는 아기 참새에게 매일 나는 법을 연습시켰습니다.
　초가을에 참새의 임금님이 참새 중에서 누가 가장 빨리 날수 있는지를 시험해 보기로 하였습니다. 숲의 아기 참새도 그 경주에 참가하기로 하였습니다.
　나는 것은 임금님의 궁전 지붕에서 건너편의 산 꼭대기까지였습니다. 조는 셋으로 나뉘었습니다. 세 마리의 아기 참새는 한 마리씩 각각의 조에 들어갔습니다.

第(dai)	마침내 날기 시작하니 첫 번째 조도, 두 번째 조도, 세 번째 조도 일등은 모두 숲의 아기 참새들이었습니다. 그리하여 세 마리 모두 상으로 임금에게 금 날개를 받았습니다.

2 약속

中(chyuu)
時(zi)
半(han)
友(tomo)

"아버지, 내일 중학교 운동회를 보러 가도 될까요?"

"다녀 오거라. 몇 시에 돌아오니?"

"3시에 학교에서 나와 3시 반에는 돌아오겠습니다."

나는 이러한 약속을 하였습니다.

다음 날은 아침 일찍부터 운동회에 갔습니다.

친구들이 많이 와 있었습니다.

午後(gogo) 部(bu) 時計(tokei) 分(pun)	마침내 운동회가 시작되었습니다. 달리기 씨름 멀리뛰기 높이뛰기 등이 있어 재미있었습니다. 도시락을 먹고 나서 오후 순서를 보기 시작하였습니다. 너무나 재미있었습니다. 운동장의 큰 시계를 보니 어느새 약속한 3시가 되었습니다. 돌아가려고 하니 3학년 4학년 5학년의 릴레이가 이제부터 시작된다고 합니다. 이것을 보지 않고 가는 것도 아쉽습니다. 시계는 벌써 3시를 10분 지나고 있었습니다.

迷(mayo)
大(tai)
着(tsu)
氣(ki)

    내가 바로 갈 건지 보고 나서 갈 건지 망설이고 있는 중에 경주가 시작되었습니다.

    5 번 주자까지는 승패를 가릴 수 없었습니다.

    사람들의 응원 소리가 대단했습니다. 이것을 보고 어떻게 돌아갈 수 있겠습니까?

    경주가 끝난 것은 3시 25분이었습니다. 나는 바로 달려서 집에 돌아왔습니다.

    집에 도착한 것은 3시 50분이었습니다. 아버지는 안계셨지만 약속을 어겼기 때문에 매우 마음에 가책을 느꼈습니다.

3 산에 외로이

小(ko)

동그랗게 솟아오른 무덤이여
누구의 묘인지는 알 수 없지만
산 속에 홀로서 외롭겠구나

동그랗게 솟아오른 무덤이여
때때로 작은 새는 지저귀지만
산 속에 홀로서 외롭겠구나

동그랗게 솟아오른 무덤이여
드문드문 들국화는 피워 있지만
산 속에 홀로서 외롭겠구나

동그랗게 솟아오른 무덤이여
하늘에는 저녁놀 새빨갛지만
산 속에 홀로서 외롭겠구나

4 기러기

聞(kiko)	"언니, 기러기 우는 소리가 들려요! 나가 볼까?" "오오, 많이 날아 오는구나. 몇 마리 있을까?" "한 마리 두 마리 세 마리 네 마리 다섯 마리 나로서는 셀 수가 없습니다."

先(saki)
列(retsu)
後(ato)

"모두 15 마리구나."

"제일 앞에 약간 열을 벗어나서 커다란 기러기가 날아 오는군요."

"그래 저것은 길을 안내하는 기러기란다. 다른 기러기들은 저 뒤를 따라서 오는 거란다."

時(toki) 聞(ki) 加(kuwa)	"정말로 질서 있게 날고 있네요." "기러기는 날 때에 항상 열을 짓는 거란다. 기럭 기럭 울면서 서로에게 신호를 하므로 열을 벗어나는 기러기가 있어도 소리를 듣고 곧바로 대열에 합류한단다." "영리한 새이군요. 기러기는 어느 때나 날아 옵니까?"

冬(huyu)
沼(numa)

　"아니야! 날아 오는 것은 대개 이 철이야. 기러기는 추운 곳을 좋아하므로 겨울 동안 이쪽에 머물다가 따뜻해지면 날아간단다."

　"언니, 저 보세요. 기러기가 기역자 모양이 되어요. 어어! 점점 내려 옵니다."

　"아마 건너편 늪으로 내려올 거야"

5 밤

산도 논도 집도 모두 어둠에 쌓여 주위는 쥐죽은 듯이 조용합니다. 아무 소리도 들리지 않습니다.

하늘은 맑고 별이 온통 반짝 반짝 빛나고 있습니다.

夜(yoru)
音(oto)
星(hoshi)

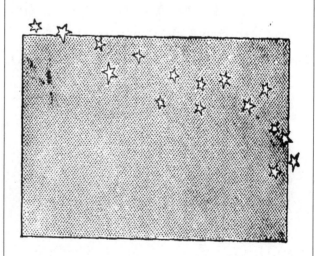

동북쪽의 하늘에서 남서에 걸쳐 은하수가 선명
히 흐르고 있습니다.

동쪽 산 위가 확 밝아졌습니다. 달이 뜨는 것이
겠지요. 바람이 불어오는가 했더니 억새가 사각사
각 소리를 내기 시작하였습니다.

東北
(touhoku)

西南(seinan)

天(ama)

6 벨의 죽음

벨이 죽었습니다. 벨은 하양과 갈색의 얼룩이로 귀여운 개였습니다. 앞발을 들어올리고 뒷다리로 설 수도 있는가 하면, 먹이를 앞에 놓고 허락이 있을 때까지 먹지 않을 수도 있습니다.

벨이 우리 집에 온 것은 내가 태어난 해였답니다. 아버지가 나를 위해 키워 주셔서 이제까지 나와 떨어진 적은 없었습니다.

死(shi)
茶(cha)
生(uma)

頃(koro) 困(koma)	내가 너댓 살 무렵에는 자주 벨의 등을 타고 놀았습니다. 　내가 처음 학교에 들어갔을 때, 벨이 따라와서 내 옆을 떠나지 않아 난처한 적이 있었습니다. 　벨은 목고리 차는 것을 싫어해서 몇 번이나 채워도 풀어버립니다. 언젠가 떠돌이 개로 오해받자 개 사냥꾼에게 묶인 적이 있었습니다.

此(ko)
自(zi)
外(soto)

　요즈음은 나이를 먹은 탓인지 식구들의　발소리를 잘못 알고 짓다가는 자주 야단 맞았습니다.

　10월 중순쯤부터 벨은 밥을 먹지 않게 되어 날마다 야위어 갔습니다. 최근 4, 5일간은 자신의 집에서 밖으로 나오지 않았습니다. 물도 마시지 않게 되었습니다.

尾(o)	어제 내가 학교에서 돌아오자 아버지와 어머니가 개 집 옆에 계셨습니다. 어머니가 "벨은 이제 가망 없겠어."라고 하셨습니다. 내가 "벨"하고 부르자 눈은 희미하게 떴지만 이제 꼬리를 흔들 힘은 없었습니다. 머리를 쓰다듬고 있는 사이에 잠자듯이 죽어 버렸습니다. 나는 갑자기 슬퍼졌습니다. 저녁 무렵 정성껏 장례를 치러 주었습니다.

7 논

間(aida)
步(aru)

정동이는 아버지와 논길을 걷고 있습니다.

"아버지, 벼를 벤 채로 놔 둔 논과 갈아엎은 논이 있네요."

"그 점을 잘도 알아차렸구나. 왜 갈아엎는지 알겠니?"

"모르겠습니다."

"지금 이렇게 해 놓으면 추운 때 흙이 부드러워
진단다. 또 해충의 알도 죽는 거야. 봄이 되어 아
무리 햇볕이 내리쬐어도 흙이 굳어질 염려가 없
고, 모내기철에는 수고를 줄일 수 있단다."

春(haru)

仕事(shigoto) 話(hanashi)	"그렇게 갈아엎는 것이 좋으면 왜 모두 갈지 않는 걸까요?" "그것은 일의 형편상 아직 손 댈 수 없을 수도 있을 것이며, 시간은 있어도 게으름 피우는 경우도 있을 것이야." 두 사람은 이런 이야기를 하면서 강 쪽으로 갔습니다.

8 열심히 일하는 사람

指(yubi)	내 팔을 보세요. 구부리면 알통이 불끈 솟아나옵니다. 손가락 마디는 딱딱하게 굳어져 있습니다. 나는 이 손으로 괭이를 쥐고 논을 일굽니다. 낫을 쥐고 풀을 뱁니다.

내 발을 보세요. 장딴지는 살이 부풀어 올라 정말로 탄탄합니다.

肉(niku)

岡(oka) 汗(ase)	먼 길을 걸어도 전혀 피곤하지 않습니다. 나는 이 다리로 높은 언덕에 지게를 지고 올라 갑니다. 소리 끌고 먼 밭에 갑니다. 내 얼굴을 보세요. 햇볕에 그을려 새까매졌습니다. 나는 여름이나 겨울이나 밖에 나가 일을 합니다. 아침부터 밤까지 일합니다. 하루의 땀을 씻고 저녁밥을 먹는 맛은 너무 맛있습니다.

9 올빼미

其(so) 夜(yoru)	올빼미는 모양이 재미있는 새입니다. 부풀어 오른 몸, 똥그란 눈. 얼굴은 고양이와 비슷한데다, 쥐를 잡아먹음으로 고양이새라고 부르는 곳도 있습니다. 저녁이 되면 다른 새들은 대개 눈이 보이지 않는데, 이 새는 보이기 때문에 다른 새를 괴롭히거나 잡아먹기도 하며 설치고 다닙니다.

그러다가 날이 새면 눈이 보이지 않게 되므로 삼림이나 숲의 낮은 나무 가지에 멍하니 앉아 있 는 경우가 있습니다.

鳴(na)
天(ten)

烏(karasu) 太(huto)	그러면 다른 새가 발견하여 "아! 미운 녀석이 있네."라 말하지 않을 뿐, 모두 모여들어 괴롭히며 복수합니다. 까마귀는 큰 소리로 욕을 하고 굵은 부리로 쪼아댑니다. 때까치는 작지만 지기 싫어하는 성질의 새이므로, 높은 곳에서 내려오면서 오는 길에 올빼미의 얼굴을 차고 '끼이 끼이'하며 승리의 함성을 지릅니다.

鳴(na) 天(ten)	참새는 약한 새이지만 옆에 다가가서 춤을 추거나 지저귀거나 하며 바보 취급합니다. 그래도 올빼미는 할 수 없기 때문에 큰 눈을 부릅뜨고 두리번거리고 있을 뿐입니다. 올빼미 우는 소리는 지방에 따라 여러 가지로 표현합니다. 올빼미가 울면 그 다음 날은 날씨가 좋으므로 「풀 먹여서 빨래 널어라!」 라고 운다고 말하는 지역도 있습니다.

10 낙엽

누나가 냇물에서 무를 씻고 있습니다. 손을 능숙하게 움직여 무의 진흙을 씻어내고 있습니다.

깨끗이 씻어서 새하얗게 된 무가 냇가에 점점 높이 쌓여 갑니다.

大根(daikon)
動(ugo)

上(kami)
黃(ki)
近(chika)
枚(mai)
下(shimo)

　나는 윗쪽에서 포플러 낙엽을 살짝 흘려 보냈습니다. 노란 잎이 물살에 흔들리며 누나 손 근처까지 갔지만 갑자기 옆으로 벗어나 버렸습니다. 나는 다시 한 잎 흘려 보냈습니다.
　이번에는 씻고 있는 무에 도달하였습니다. 누나는 그것을 집어 올려 아래로 흘려 보냈습니다.

　　나는 낙엽을 두 세 잎 주워 한 번에 흘려 보냈습
니다. 그 중의 한 잎은 마침내 누나의 손까지 다달
았습니다. 누나는 그것을 밀어내면서 이쪽을 뒤돌
아보았습니다.

　　내가 있는 것을 보고 방긋 웃으며

　　"장난을 하면 안 돼!"

하며 꾸짖듯이 말했습니다.

　　그리고 다시 부지런히 무를 씻기 시작하였습니
다.

11 바가지 이야기

昔(mukashi)
役(yaku)
切(setsu)
仲間(nakama)

    어느 날 밤 바가지들이 많이 모여서 여러 가지 이야기를 하였습니다.

    "우리들이 옛날부터 사람들에게 도움이 되는 것은 대단한 일이야. 하지만 사람들은 별로 중요하게 생각하지 않는 것 같아 전혀 소중히 취급해 주지 않는다."

고 한 사람이 말하자 또 한 사람이

    "우리 바가지들이 없다면 사람들은 얼마나 곤란할까?"

라 한다.

國(kuni) 代(kawa)	박식한 바가지가 "옛날 신라의 호공은 바가지를 타고 동쪽 나라에서 오셨다고 해." 영리하게 보이는 바가지가 "나는 옛날 일은 모르지만 지금 우리들은 상당히 여러 가지 역할을 하고 있어. 물을 푸기도 하고 물건을 넣기도 하고 때때로 되를 대신하는 역할까지도 한다. 이렇게 도움이 되는 우리들을 다 자라기도 전에 따 먹어 버리는 자가 있지. 어이가 없어!" 라고 한다. 또 한 사람이

"그래! 여름부터 가을까지 저 초가지붕이 예쁘
게 보이는 것은 도대체 누구 덕이야? 우리 넝쿨들
이 지붕에 뻗어 나가 하얀 꽃을 피우거나 열매를
맺게 하기 때문이 아니겠어?"
라 한다.
　모두 커다란 머리를 곤두세우고 각자가 생각하
는 이야기에 밤이 깊어가는 것도 잊고 있었습니
다.

12 학예회

明日(ashita) 上手(jyouzu) 前(mae)	내일은 제1학기 학예회가 있습니다. 우리 반에서는 김군의 창가와 반 전체의 독본 낭독과 나의 이야기를 발표하기로 되어 있습니다. 　김군은 창가를 정말로 잘 부르므로 멋지게 할 수 있을 것입니다. 　전체의 독본 낭독도 몇 번인가 연습하였으므로 잘 할 것입니다. 　다만 걱정스러운 것은 나의 이야기 발표입니다. 나는 아직 한 번도 많은 사람 앞에 서서 이야기를 한 적이 없습니다. 왠지 쑥스럽게 생각합니다.

扇(ougi) 通(too)	내가 가장 좋아하는 부채의 과녁을 이야기할 생각입니다. 몇 번이나 집에서 이야기를 해 보거나, 말할 내용을 그대로 써 보기도 하였습니다만 역시 걱정스러워 어쩔 줄 모르겠습니다. 　아버지에게 　"어떻게 하면 이야기를 잘 할 수 있을까요?" 　라 여쭈었더니 　"잘한다 못한다와 같은 것을 생각하지 말고 말하려는 것을 과감히 이야기하거라. 분명히 잘 될 거야." 　라고 말씀하셨습니다.

13 부채의 과녁

下(ka)
弓(yumi)
名人(meijin)
島(shima)
船(hune)

　미나모토노요시쓰네의 부하에 나스노요이치라는 젊은 무사가 있었습니다. 활의 명인으로 하늘을 나는 새라도 쏴서 떨어뜨릴 정도였습니다.
　미나모토 일족과 다이라 일족이 야시마에서 싸웠습니다. 다이라 일족은 점점 몰리어서 모두 배를 타고 바다로 나갔습니다.

向(muka)
官(kan)
立(ta)

미나모토 일족은 언덕에 진을 치고 이들과 마주
보고 있었습니다.

이 때 다이라 일족에서 한 척의 배가 언덕을 향
해 왔습니다. 뱃머리에 긴 장대를 세우고 그 끝에
는 펼쳐진 빨간 부채가 달려 있었습니다.

그 밑에 한 궁녀가 서서 손짓하며 부르고 있었
습니다. 부채를 쏴 보라는 것이겠지요.

波(nami)
吹(hu)
矢(shi)
家来(kerai)

　배는 파도에 흔들리며 움직이고 있습니다. 부채는 바람을 맞아 빙글빙글 돌아가고 있습니다. 어떤 활의 명인이라도 이를 한 발에 쏴서 떨어뜨리는 것은 불가능하겠지요.
　미나모토 일족의 대장인 요시쓰네는 이것을 보고
　"저것을 쏴서 떨어뜨릴 자는 없는가?"
라고 하였습니다. 옆에 있던 부하가
　"나스노요이치라는 명인이 있습니다."

事(zi) 下(saga)	라고 대답하였습니다. "그를 불러라." 곧 요이치는 요시쓰네 앞에 왔습니다. "저것을 쏴서 떨어뜨려라." 요이치가 주저하고 있자 사람들은 "우리 편에게는 아주 중요한 일이야. 해가 지기 전에 빨리 빨리." 라 재촉하였습니다. 요이치는 대장 앞에서 물러났습니다.

"만일 저 부채를 맞추지 못하면 살아있지는 않
겠다."고 각오하고 바다 속으로 말을 몰았습니다.

활을 고쳐 잡고 부채를 보니 배가 흔들려 과녁
이 고정되지 않습니다. 요이치는 눈을 감고 신에
게 빌었습니다.

"부디 잠시 동안 저 부채를 멈추게 해 주십시오."

馬(uma)
樣(sama)

心(shin)

라고 열심히 기원하고 눈을 떠보니 이상하게도 바람은 잠잠해져 부채는 움직이지 않았습니다. 요이치는 "이런, 도와 주시는 거야. 고맙기도 해라."며 활을 힘껏 당겨 목표를 정해 횡하고 쏘았습니다.

활은 소리 높이 울려 퍼지면서 부채 사북의 가장자리를 맞춰 잘라냈습니다. 부채는 하늘 높이 날아 올라가 훨훨 파도 위에 떨어졌습니다.

이것을 본 미나모토 일족은 말 안장을 두드리며 극구 칭찬하였습니다. 다이라 일족도 뱃전을 두드리며 극구 칭찬하였습니다. 잠시 동안은 언덕쪽이나 바다쪽이나 들끓는 듯한 소동이었습니다.

14 두 이야기

京(kyou)
宿(yado)

　도쿄의 여관에서 산골 사람과 섬나라 사람이 만났습니다. 산골 사람이
　"해는 산에서 나와 산으로 들어간다."
라 말하니까 섬 나라 사람이
　"아니야. 바다에서 나와 바다로 들어가는 거야."
라며 다투었습니다. 거기에 여관 주인이 와서
　"뭐라고요! 해는 지붕에서 떠서 지붕으로 지는 것이 아닙니까?"

"너는 매우 기지가 있다고 들었다. 이 장지에 그려져 있는 호랑이를 묶어 봐라."

"묶어 보여 드리겠습니다. 자 이쪽으로 내쫓아 주세요."

追(o)

15 참새 할아버지

　　정월초 이튿날 밤 모두 밥을 먹고 있는데, 아버지가

　"연말부터 바빴었는데 오늘 밤 비로소 한가해졌다. 식사가 끝나면 느긋하게 이야기라도 하자구나."

고 하셨습니다. 어머니도

　"그것이 좋겠네요."

라 하셨습니다.

식사가 끝나고 좀 지나자 아버지는 이런 이야기를 해 주셨습니다.

"요즈음 외국에서 돌아온 친구 이야기에 의하면, 어떤 나라의 공원에 매일 놀러 오는 할아버지 한 사람이 있다.

外國
(gaikoku)

遊(aso)

名(na) 待(ma)	그 사람은 참새 할아버지라 하여 매우 유명하다. 그 할아버지는 항상 빵을 호주머니에 넣어 와서 참새나 비둘기에게 주며 즐거워하고 있다. 참새도 비둘기도 할아버지를 발견하면 기다리고 있었다는 듯이 다가온다.

肩(kata)	할아버지가 휘파람을 불거나 이야기를 걸면 모자나 어깨, 손바닥에 앉아 기쁜 듯이 지저귄다. 할아버지는 싱글벙글하며 이보다 즐거운 일은 없는 것처럼 보이고, 참새나 비둘기도 더 이상 기쁜 일은 없는 듯이 보인다. 이것을 누구나 넋을 잃고 바라보게 된다는 것이다"

空(kuu)	나는 이 이야기를 듣고 "정말로 그런 일이 있을까?"하고 생각하여 아버지에게 "저도 참새 할아버지가 될 수 있을까요?" 라 묻자 "누구라도 될 수 있지만 공기총을 갖고 싶어 하는 어린이에게 새는 접근하지 않는 거야." 라 말씀하셨습니다.

16 아차

引(hi)	어제 연 실을 끌어 당겼을 때 엉킨 곳을 끊어 그대로 얼레에 감아 놓았습니다. 오늘은 그것을 깜박 잊고 연을 날렸습니다. 실을 스르르 푸니까 바람이 강했기 때문에 끊어진 지점에서 연은 날아가 버렸습니다. "아뿔싸!" 했지만 이미 늦었다. 연은 긴 실을 끌며 날아가 버렸습니다.

17 줄다리기

줄다리기가 시작되었습니다.

굵은 밧줄입니다. 길이는 이삼백 미터 남짓이나 되겠지요. 사람들은 밧줄을 힘껏 쥐고 있습니다. 대단히 많은 사람들입니다.

노인도 어린 아이도 밧줄을 당길 수 있는 사람은 모두 모여 있습니다.

이쪽 동네 사람은 이쪽 편에 건너편 동네 사람은 저쪽 편에 있습니다.

生(shou)	모두 자세를 낮춰 열심히 밧줄을 당기고 있습니다. 추운데도 이마에 땀을 흘리고 있습니다. 　지휘를 하는 사람이 깃발을 휘두르며 소리 지릅니다. 우물쭈물하고 있으면 끌려 나가떨어지게 됩니다. 북이 울리고 종이 울립니다.

굵구나, 굵어,
밧줄은 굵어!
쥐어라, 쥐어,
단단히 쥐어!
자 당겨라, 지면 안돼,
지지마라, 지지마!
이기면 풍년,
이삭에 이삭이 피네!

18 장갑

買(ka)
包(tsutsumi)
雪(yuki)
氷(koori)

추워져서 아버지께서 장갑을 사 주셨습니다.

나는 그것을 끼고 매일 학교에 다닙니다. 책보를 들어도 차갑지 않습니다.

장갑을 끼워도 시러울 때에는 그 위에 입김을 세게 내뿜습니다.

그러면 입김이 장갑과 손 사이에 퍼져 따뜻해집니다.

나는 추워도 온돌방 안에 움츠리고 있지는 않습니다. 눈이나 얼음 위에서 미끄럼을 타면서 놉니다. 요즈음은 얼음지치기가 매우 능숙해졌습니다. 넘어져서 손을 짚어도 장갑을 끼고 있어서 아프지 않습니다.

19 스케이트

男(otoko) 大人(otona)	나는 어제 아버지와 스케이트를 보러 갔습니다. 강은 꽁꽁 얼어 마치 두꺼운 유리와 같습니다. 그 위에서 많은 사람들이 타고 있습니다. 남자도 여자도 어른도 아이도 타고 있습니다.

後(ushiro)

앞으로 뒤로 오른쪽으로 왼쪽으로 자유자재로 타고 있는 사람이 있습니다. 둘이서 손을 맞잡고 발을 맞춰 타고 있는 사람도 있습니다.

그 중에는 아직 익숙하지 않은 듯 때때로 넘어지는 사람도 있습니다.

　　나는 보면서 스케이트를 배우고 싶어서 견딜 수
없게 되었습니다.
　"아버지, 저에게도 하게 해 주세요."
라 부탁하니
　"이번 일요일에 데리고 와서 가르쳐 주마."
라 하셨습니다.

20 북풍

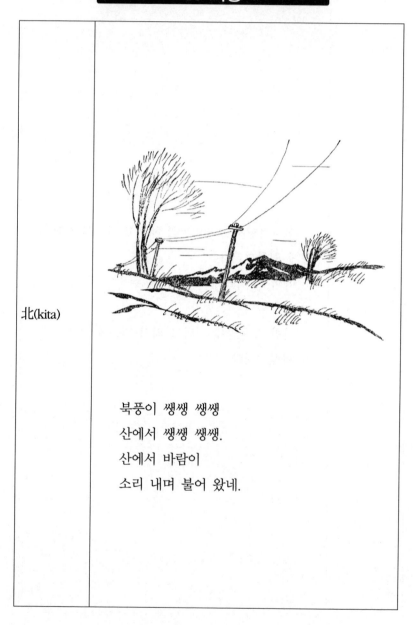

北(kita)

북풍이 쌩쌩 쌩쌩
산에서 쌩쌩 쌩쌩.
산에서 바람이
소리 내며 불어 왔네.

북풍이 쌩쌩 쌩쌩
산에서 쌩쌩 쌩쌩.
우리들은 연을 날렸네.

북풍이 쌩쌩 쌩쌩, 산에서 쌩쌩 쌩쌩.
강에는 얼음이 꽁꽁 얼었네.

柱(bashira)	북풍이 쌩쌩 쌩쌩, 산에서 쌩쌩 쌩쌩. 우리들은 스케이트놀이를 하였네. 북풍이 쌩쌩 쌩쌩, 산에서 쌩쌩 쌩쌩. 전봇대가 울고 있었네. 북풍이 쌩쌩 쌩쌩, 산에서 쌩쌩 쌩쌩. 우편배달부는 뛰기 시작했네.

21 동그란 모자를 쓴 사람

坂(saka) 角(kado) 近所(kinjyo)	매일 아침 학교 가는 길에서 동그란 모자를 쓴 노인을 만납니다. 　그 모자는 새까매서 마치 솥을 거꾸로 한 듯합니다. 　내가 집을 일찍 나설 때에는 학교 근처 언덕 위에서, 보통 때에는 우체국 모퉁이에서, 늦을 때에는 집 근처의 잡화점 부근에서 만납니다.

그 사람은 정확히 시간을 정해 오므로, 나에게는 시계 대신이 됩니다.

어딘가에 근무하는 사람으로, 비가 내려도 눈이 내려도 쉰 적이 없습니다.

間(kan)

나는 매일 "오늘은 어디에서 만날까?"하고 생각하며 학교에 갑니다.

요즈음은 전혀 만나지 못했습니다. 노인이므로 혹시 감기라도 걸린 것은 아닐까요? 안타깝게도…. 그 때마다 생각하는 것은 그 동그란 모자입니다. 틀림없이 차가운 현관에 쓸쓸히 걸려 있겠지요.

22 흙

朴(boku) 灰(hai)	오늘 학교에서 돌아오는 길에 나는 "흙은 무엇으로 만들어진 걸까?" 하고 모두에게 물어 보았습니다. 　박군은 "요전에 선생님이 '지구는 원래 불덩어리였단다.' 고 하셨으므로 흙은 재에서 생겨난 것이야." 고 하였습니다. 김군은 "그럴까?" 하며 이상한 얼굴을 하였습니다. 그리고 나서

岩(iwa)
砂(suna)
李(ri)

"나는 바위에서 생겨난 것으로 생각해. 바위가 부서져 모래가 되고 모래가 부서져 흙이 되었을 거야."
라고 하였습니다.
그러자 이군은
"그럴지도 몰라. 그런데 빨간 흙이나 검은 흙이 있는 것은 왜일까?"
라고 물었습니다.
우리들은 여러 가지로 생각해 보았지만 알 수 없었습니다. 나는 내일 선생님에게 자세히 물어 보려고 생각합니다.

23 전신 작업원

工夫(kouhu)
身(karada)
兩(ryou)
平(hei)
向(mu)
呼(yo)
上(aga)

전신 작업원이 전봇대 위에 올라가 있습니다. 가로대에 몸을 의지하여 양손으로 무언가 일을 하고 있습니다. 보고 있자니 금방이라도 떨어질 것 같지만 아무렇지도 않은 얼굴로 딱딱 소리를 내고 있습니다.

이윽고 아래쪽을 향해서 큰 소리로 불렀습니다.

그러자 밑에 있던 사람이 긴 사다리를 올라갔습니다.

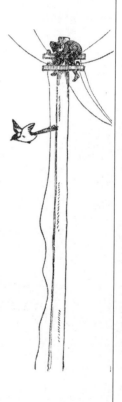

針(hari)	차가운 바람이 쌩쌩 불어 와서 외투를 펄럭거리게 했습니다. 　전신 작업원은 "오오 추워라."하며 양손을 비비고 입김을 내뿜었습니다. 그리고 다시 일을 시작하였습니다. 　까치가 푸드득푸드득 날개짓을 하며 전기줄에 잠시 앉았지만 곧 건너편으로 날아 갔습니다.

24 셋슈

好(su)

　셋슈는 훌륭한 스님이자 또한 그림의 명인이었습니다.

　어렸을 때 절의 동자승이 되었습니다만, 그림 그리기를 좋아해서 제대로 불경 공부를 하지 않았습니다.

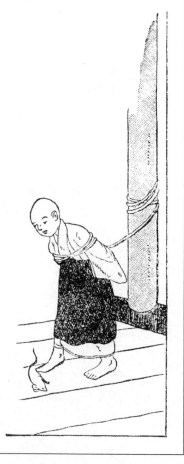

堂(dou) 板(ita)	주지스님은 몇 번이나 "그림 그리기를 그만 둬라."고 알아듣도록 말했지만, 셋슈는 틈만 있으면 그림을 그리고 있었습니다. 아무리 말해도 듣지 않으므로 주지스님은 매우 화를 내며 어느 날 셋슈 손을 뒤로 묶어 본당 기둥에 동여맸습니다. 날은 점점 어두워 졌지만 주지스님은 용서해 주지 않았습니다. 셋슈는 너무 슬퍼서 눈물이 마루 바닥 사이로 뚝뚝 떨어졌습니다.

셋슈는 떨어진 눈물을 보고 그림을 그리고 싶어
졌습니다. 그래서 엄지 발가락에 눈물을 묻혀 마
루 바닥 사이에 쥐를 그렸습니다.

주지스님이 살그머니 모습을 보러 왔더니 셋슈
의 발밑에 커다란 쥐가 있지 않겠습니까? 주지스
님은 당황하여 그것을 쫓았지만 도망가지 않았습
니다. 자세히 보니 살아 있는 쥐가 아니라 셋슈가
그린 그림이었습니다.

주지스님은 그 뒤부터 셋슈에게 그림 그리기를
허락하였습니다.

25 나의 생활계획표

机(tsukue)
着(ki)

　나는 요전에 아침부터 밤까지의 계획표를 만들었습니다.

　아침에는 6시에 일어나 세수를 하며 밥을 먹고 책상 정리를 합니다. 그리고 8시에 집을 나서 학교에 갑니다.

　학교에서 돌아오면 옷을 갈아입고 복습을 시작합니다.

用(you) 湯(yu)	1시간 정도 하고 나서 저녁 식사 때까지 놉니다. 심부름이나 용무는 그 사이에 합니다. 저녁 식사가 끝나고 잠시 쉬다가 뜨거운 물로 목욕하면 몸이 아주 따뜻해집니다. 그리고 나서 모두 모여 이야기를 하고 8시 반에 잡니다. 어제는 아침 6시에 일어나는 것을 6시 반에 일어났습니다. 저녁 8시 반에 자는 것을 9시 넘어서까지 놀았습니다. 누나가 "아무리 계획표를 만들어도 전혀 소용없네."라며 비웃었습니다. 오늘부터는 계획표대로 할 생각입니다.

26 복숭아

옛날에 부모에게 효도를 아주 잘하는 아들이 있었습니다. 아버지가 병환으로 오랫동안 누워 있었지만 가난하여 약을 살 수가 없었습니다.

어느 날 그 아들은

"좋은 약이 있으면 좋겠구나."

라 생각하면서 집을 나섰습니다.

橋(hashi)
雲(kumo)

　어느 틈에 큰 강 근처까지 와 있었습니다. 물은 정말로 맑아 주위의 산이 그림자를 드리우고 있었습니다.
　갑자기 선명한 무지개 다리가 나타나는가 했더니 구름 위에서 그 다리를 건너 조용히 내려 오는 것이 있었습니다. 그것은 그림에서 보는 듯한 아름다운 선녀였습니다.

선녀는 상의를 벗어 강가의 나무에 걸었습니다.

그리고 물 속에 들어가서 기분 좋은 듯이 헤엄
쳐 다녔습니다.

아들은 선녀가 병에 잘 듣는 복숭아를 갖고 있
다는 것을 들었습니다. 그래서 "어떻게 해서든 복
숭아를 얻고 싶다."고 생각하였습니다.

이 때 바람이 불어 선녀의 상의를 강 속으로 떨
어뜨리려 하였습니다. 아들은 황급히 그 상의를
주워 선녀가 나오는 것을 기다리고 있었습니다.

父(chichi)	잠시 후 선녀는 강에서 나왔습니다. 아들은 바로 상의를 선녀에게 건넸습니다. 선녀는 기뻐하며 "답례로 무엇인가 드릴까요?" 라 하였습니다. 아들은 "그러면 한 가지 부탁이 있습니다. 부디 복숭아를 주십시오." "복숭아를 갖고 싶다고 하셨습니까?" "네, 아버지가 병환으로 누워 있습니다. 가난하여 좋은 약을 살 수가 없습니다. 부디 도와주십시오."

선녀는 불쌍히 여겨 복숭아를 아들에게 주었습니다.

그리고 나서 상의를 입고 무지개 다리를 사뿐히 올라갔습니다만, 그 사이에 구름 속으로 숨어 버렸습니다.

아들은 지체 없이 집으로 돌아가 복숭아를 아버지께 드시게 하였습니다. 아버지의 병환은 얼마 안 되어 좋아졌습니다.

끝

다이쇼 12년(1923) 9월 17일 번각인쇄
다이쇼 12년(1923) 9월 20일 번각발행   정가 금16전

조선총독부

조선서적인쇄주식회사

大正十二年九月十七日　翻刻印刷

大正十二年九月二十日　翻刻發行

著作權所有

普國四

定價金十六錢

著作者兼發行者

朝鮮總督府

翻刻發行　彙印刷者

京城府元町三丁目一番地

朝鮮書籍印刷株式會社

代表者　伊東猛雄

販賣所

京城府元町三丁目一番地

朝鮮書籍印刷株式會社

▶ 찾아보기

역자소개

김순전 金順槇

소속 : 전남대 일문과 교수, 한일비교문학·일본근대문학 전공
대표업적 : ① 저서 : 『韓日 近代小說의 比較文學的 硏究』, 태학사, 1998년 10월
　　　　　② 저서 : 『일본의 사회와 문화』, 2006년 9월, 제이앤씨
　　　　　③ 편저서 : 일제강점기 조선총독부 편찬 『초등학교 唱歌 교과서』
　　　　　　　　　　대조번역, 상·중·하 3권, 2013년 8월, 제이앤씨

박장경 朴長庚

소속 : 전주대 일본언어문화학과 교수, 일본어학 전공
대표업적 : ① 논문 : 「한일 양언어의 주명사 『가능성(可能性)』에 대한 고찰」, 『日本
　　　　　　　　　　語文學』 第51輯, 韓國日本語文學會, 2011년 12월
　　　　　② 저서 : 『日本語의 連体修飾構文에 關한 硏究』, 제이앤씨, 2005년 8월
　　　　　③ 역서 : 『日本語의 構文과 意味 Ⅰ』, 法文社, 1988년 10월(공역)

김현석 金鉉煬

소속 : 광주대 일본어학과 교수, 일본고대문학 전공
대표업적 : ① 논문 : 「三國史記와 日本書紀의 천변지이 기사의 비교 고찰」, 『일본어
　　　　　　　　　　문학』 11집, 한국일본어문학회, 2001년 9월
　　　　　② 논문 : 「記紀神話에 나타난 재앙신과 제사」, 『일본어문학』 13집, 한국
　　　　　　　　　　일본어문학회, 2002년 6월
　　　　　③ 역서 : 『일본대표단편선 1~3권』, 고려원, 1996년 9월(공역)

조선총독부 편찬 (1923~1924)

『普通學校國語讀本』第二期 한글번역 ❶ (1, 2학년용)

초판인쇄 2014년 5월 29일
초판발행 2014년 6월 7일

역   자 김순전·박장경·김현석
발 행 인 윤석현
발 행 처 제이앤씨
등록번호 제7-220호
책임편집 김선은
마 케 팅 권석동

우편주소 132-702 서울시 도봉구 창동 624-1 북한산현대홈시티 102-1106
대표전화 (02) 992-3253(대)
전   송 (02) 991-1285
홈페이지 www.jncbms.co.kr
전자우편 jncbook@hanmail.net

ⓒ 김순전·박장경·김현석, 2014. Printed in KOREA.

ISBN 978-89-5668-428-4 94190   정가 19,000원
        978-89-5668-429-1 (전5권)